Haffmans' Helfende Hand-Bibliothek

KLEINER ATHEISMUS-KATECHISMUS

Herausgegeben
von
Gerd Haffmans

HAFFMANS VERLAG

1. Auflage, Herbst 1993
2. vermehrte Auflage, Frühling 1994

Nachweise am Schluß des Bandes

Satz: LibroSatz, Kriftel
Herstellung: Schauenburg, Schwanau
ISBN 3 251 00225 2

»Wenn einer wähnt, er habe Gott erkannt, und sich irgend etwas darunter vorstellt, so hat er irgend etwas erkannt, nur Gott nicht.« *Meister Eckhart*

»Was für eine schlaue Erschleichung und hinterlistige Insinuation in dem Wort Atheismus liegt! – als verstände der Theismus sich von selbst.« *Arthur Schopenhauer*

»Ich mache aus Katechismus ›Atheismus‹.«
Johann Gottfried Herder

»Bibel, die – Das Heilige Buch unserer Religion, im Unterschied zu den falschen und profanen Schriften, auf denen alle anderen Glaubenslehren beruhen.« *Ambrose Bierce*

»Wenn man für die Naturwissenschaft und ihren Kontext den Begriff Gott hineinbringt, um sich die Zweckmäßigkeit der Natur erklärlich zu machen und hernach die Zweckmäßigkeit wiederum braucht, um zu beweisen, daß ein Gott sei, so ist in keinen von beiden Wissenschaften innerer Bestand.«
Immanuel Kant

»Es bleibt wahr: das Märchen von Christus ist Ursache, daß die Welt noch zehntausend Jahre stehen kann, und Niemand recht zu Verstand kömmt.« *Johann Wolfgang Goethe*

»Wir können nicht entscheiden, ob das, was wir Wahrheit nennen, wahrhaft Wahrheit ist, oder ob es uns nur so scheint.«
Heinrich v. Kleist

»Man sehe nur an, was der ›Gott der Liebe‹ seinen Gläubigen für Tendenzen eingibt: sie ruinieren die Menschheit zugunsten des ›Guten‹.«

Friedrich Nietzsche

»Wenn die Wahrheit der religiösen Lehren abhängig ist von einem inneren Erlebnis, das diese Wahrheit bezeugt, was macht man mit den vielen Menschen, die ein solches Erlebnis nicht haben? Wenn der Eine aus einem ihn tief ergreifenden extatischen Zustand die unerschütterliche Überzeugung von der realen Wahrheit der religiösen Lehren gewonnen hat, was bedeutet das dem Anderen? Allein dieses Credo ist nur als Selbstbekenntnis interessant, als Machtspruch ist es ohne Verbindlichkeit. Es gibt keine Instanz über der Vernunft.«

Sigmund Freud

»Ich wüßte tatsächlich nicht zu sagen, ob ich mich für einen gläubigen Menschen halte oder für einen ungläubigen. Tiefste Skepsis in bezug auf beides, auf sogenannten Glauben und sogenannten Unglauben, ist all mein Ausweis, wenn man mich katechisiert.«

Thomas Mann

»Ich möchte auf die helle und kalte Höhe führen, von welcher aus betrachtet alle Dogmen als geschichtlich gewordene und geschichtlich vergängliche Menschensatzungen erscheinen, die Dogmen aller positiven Religionen ebenso wie die Dogmen der materialistischen Wissenschaft, auf die Höhe, von welcher aus übersehen Glaube und Aberglaube gleichwertige Begriffe sind.«

Fritz Mauthner

»Christus mag für jemanden gestorben sein, aber jedenfalls nicht für mich.«

Bertolt Brecht

»Wahrheit ist nur zu haben, wo sie unwichtig ist.«

Bertrand Russell

»Dieses Große Wesen – ein Thema für sich! Man überlege doch einmal, was es alles mit uns angestellt hat, es hat mich doch keineswegs so reich beschenkt, daß ich mich durchfände – soll ich da plötzlich an entscheidender Stelle demütig werden und sagen, das war ja alles nicht so schlimm gemeint?«

Gottfried Benn

»Wie auch immer die guten Absichten der Gläubigen ausgesehen haben, die blutbefleckte Geschichte religiöser Konflikte liefert nur wenige Beispiele für allgemeingültige moralische Maßstäbe, die durch die größeren organisierten Religionen gesetzt wurden. Es gibt auch keinen Grund anzunehmen, Liebe und Rücksichtnahme ermangelten jenen, die diesen Organisationen nicht angehören oder gar erklärte Atheisten sind.«

Paul Davies

»Wenn es einen Gott gibt, dürften ihn die ›Satanischen Verse‹ nicht groß kümmern, denn was wäre das für ein Gott, dessen Thron durch ein Buch ins Wanken geriete. Der Streit besteht also weniger zwischen Gott und mir als zwischen mir und denen, die der Meinung sind, sie könnten sich jede Frechheit herausnehmen, weil sie Gott auf ihrer Seite haben.«

Salman Rushdie

»Der unterschiedliche Atheismus. Der von Nietzsche ist ehrbar und wird von Gebildeten gern diskutiert, der von Kant ist unbekannt, der von Hegel wird dementiert. Der marxsche Atheismus hat Theologen nicht abgehalten, die Nähe zum Marxismus zu suchen. Der gewöhnliche Atheismus des Menschenverstandes, der für Gottes Diener hienieden nur ornamentale Verwendung hat und die Welt mit der Annahme Gottes schwerer erklärbar findet als ohne, genießt überhaupt kein Ansehen.«

Johannes Gross

»Noch schöner wär's, wenn sich später, in der Ewigkeit, herausstellte, daß Gott gar nicht ›Gott‹ heißt. Sondern beispielshalber ›Hottner‹ . . .«

Eckhard Henscheid

INHALT

GEORG BÜCHNER

Katechisierung

Ein Saal mit Gefangenen

Chaumette, Payne, Mercier, Hérault-Séchelles und andre

CHAUMETTE *zupft Payne am Ärmel* Hören Sie, Payne, es könnte doch so sein, vorhin überkam es mich so; ich habe heute Kopfweh, helfen Sie mir ein wenig, mit Ihren Schlüssen, es ist mir ganz unheimlich zumut.

PAYNE So komm, Philosoph Anaxagoras, ich will dich katechisieren. – *Es gibt keinen Gott*, denn: Entweder hat Gott die Welt geschaffen oder nicht. Hat er sie nicht geschaffen, so hat die Welt ihren Grund in sich, und es gibt keinen Gott, da Gott nur dadurch Gott wird, daß er den Grund alles Seins enthält. Nun kann aber Gott die Welt nicht geschaffen haben; denn entweder ist die Schöpfung ewig wie Gott, oder sie hat einen Anfang. Ist letzteres der Fall, so muß Gott sie zu einem bestimmten Zeitpunkt geschaffen haben, Gott muß also, nachdem er eine Ewigkeit geruht, einmal tätig geworden sein, muß also einmal eine Veränderung in sich erlitten haben, die den Begriff *Zeit* auf ihn anwenden läßt, was beides gegen das Wesen Gottes streitet. Gott kann also die Welt nicht geschaffen haben. Da wir nun aber sehr deutlich wissen, daß die Welt oder daß unser Ich wenigstens vorhanden ist, und daß sie dem Vorhergehenden nach also auch ihren Grund in sich oder in etwas haben muß, das nicht Gott ist, so kann es keinen Gott geben. Quod erat demonstrandum.

CHAUMETTE Ei wahrhaftig, das gibt mir wieder Licht; ich danke, danke!

MERCIER Halten Sie, Payne! Wenn aber die Schöpfung ewig ist?

PAYNE Dann ist sie schon keine Schöpfung mehr, dann ist sie eins mit Gott oder ein Attribut desselben, wie Spinoza sagt; dann ist Gott in allem, in Ihnen, Wertester, im Philosoph Anaxagoras und in mir. Das wäre so übel nicht, aber Sie müssen mir zugestehen, daß es gerade nicht viel um die himmlische Majestät ist, wenn der liebe Herrgott in jedem von uns Zahnweh kriegen, die Tripper haben, lebendig begraben werden oder wenigstens die sehr unangenehmen Vorstellungen davon haben kann.

MERCIER Aber eine Ursache muß doch da sein.

PAYNE Wer leugnet dies? Aber wer sagt Ihnen denn, daß diese Ursache das sei, was wir uns als Gott, d.h. als das Vollkommne denken? Halten Sie die Welt für vollkommen?

MERCIER Nein.

PAYNE Wie wollen Sie denn aus einer unvollkommnen Wirkung auf eine vollkommne Ursache schließen? – Voltaire wagte es ebensowenig mit Gott als mit den Königen zu verderben, deswegen tat er es. Wer einmal nichts hat als Verstand und ihn nicht einmal konsequent zu gebrauchen weiß oder wagt, ist ein Stümper.

MERCIER Ich frage dagegen: kann eine vollkommne Ursache eine vollkommne Wirkung haben, d.h. kann etwas Vollkommnes was Vollkommnes schaffen? Ist das nicht unmöglich, weil das Geschaffne doch nie seinen Grund in sich haben kann, was doch, wie Sie sagen, zur Vollkommenheit gehört?

CHAUMETTE Schweigen Sie! Schweigen Sie!

PAYNE Beruhige dich, Philosoph! – Sie haben recht; aber muß denn Gott einmal schaffen, kann er nur was Unvollkommnes schaffen, so läßt er es gescheuter ganz bleiben. Ist's nicht sehr menschlich, uns Gott nur als schaffend denken zu können? Weil wir uns immer regen und schütteln müssen, um uns nur immer sagen zu können: wir sind! müssen wir Gott auch dies elende Bedürfnis andichten? – Müssen wir, wenn sich unser Geist in das Wesen einer harmonisch in sich ruhenden, ewigen Seligkeit versenkt, gleich annehmen, sie müsse die Finger ausstrecken und über Tisch Brotmännchen kneten? aus überschwenglichem Liebesbedürfnis, wie wir uns ganz geheimnisvoll in die Ohren sagen. Müssen wir das alles, bloß um uns zu Göttersöhnen zu machen? Ich nehme mit einem geringern Vater vorlieb; wenigstens werd ich ihm nicht nachsagen können, daß er mich unter seinem Stande in Schweineställen oder auf den Galeeren habe erziehen lassen.

Schafft das Unvollkommne weg, dann allein könnt ihr Gott demonstrieren; Spinoza hat es versucht. Man kann das Böse leugnen, aber nicht den Schmerz; nur der Verstand kann Gott beweisen, das Gefühl empört sich dagegen. Merke dir es. Anaxagoras: warum leide ich? Das ist der Fels des Atheismus. Das leiseste Zucken des Schmerzes, und rege es sich nur in einem Atom, macht einen Riß in der Schöpfung von oben bis unten.

MERCIER Und die Moral?

PAYNE Erst beweist ihr Gott aus der Moral und dann die Moral aus Gott! – Was wollt ihr denn mit eurer Moral? Ich weiß nicht, ob es an und für sich was Böses oder was Gutes gibt, und habe deswegen doch nicht nötig, meine Handlungsweise zu ändern. Ich handle meiner Natur gemäß; was ihr angemessen, ist für mich gut und ich tue es, und was ihr zuwider, ist für mich bös und ich tue es nicht und verteidige mich dagegen, wenn es mir in den Weg kommt. Sie können, wie man so sagt, tugendhaft bleiben und sich gegen das sogenannte Laster wehren, ohne deswegen ihre Gegner verachten zu müssen, was ein gar trauriges Gefühl ist.

CHAUMETTE Wahr, sehr wahr!

HÉRAULT O Philosoph Anaxagoras, man

könnte aber auch sagen: damit Gott alles sei, müsse er auch sein eignes Gegenteil sein, d.h. vollkommen und unvollkommen, bös und gut, selig und leidend; das Resultat freilich würde gleich Null sein, es würde sich gegenseitig heben, wir kämen zum Nichts. – Freue dich, du kömmst glücklich durch: du kannst ganz ruhig in Madame Momoro das Meisterstück der Natur anbeten, wenigstens hat sie dir die Rosenkränze dazu in den Leisten gelassen.

CHAUMETTE Ich danke Ihnen verbindlichst, meine Herren! *Ab.*

PAYNE Er traut noch nicht, er wird sich zu guter Letzt noch die Ölung geben, die Füße nach Mekka legen und sich beschneiden lassen, um ja keinen Weg zu verfehlen.

LUDWIG FEUERBACH

Das Wesen der Religion

Wie der Mensch denkt, wie er gesinnt ist, so ist sein Gott: so viel Wert der Mensch hat, so viel Wert und nicht mehr hat sein Gott. Das Bewußtsein Gottes ist das Selbstbewußtsein des Menschen, die Erkenntnis Gottes, die Selbsterkenntnis des Menschen. Aus seinem Gotte erkennst Du den Menschen, und wiederum aus dem Menschen seinen Gott; beides ist eins. Was dem Menschen Gott ist, das ist sein Geist, seine Seele, und was des Menschen Geist, seine Seele, sein Herz, das ist sein Gott: Gott ist das offenbare Innere, das ausgesprochene Selbst des Menschen; die Religion die feierliche Enthüllung der verborgenen Schätze des Menschen, das Eingeständnis seiner innersten Gedanken, das öffentliche Bekenntnis seiner Liebesgeheimnisse.

Wenn aber die Religion, das Bewußtsein Gottes, als das Selbstbewußtsein des Menschen bezeichnet wird, so ist dies nicht so zu verstehen, als wäre der religiöse Mensch sich direkt bewußt, daß sein Bewußtsein von Gott das Selbstbewußtsein seines Wesens ist, denn der Mangel dieses Bewußtseins begründet eben das eigentümliche Wesen der Religion. Um diesen Mißverstand zu beseitigen, ist es besser zu sagen: die Religion ist das erste und zwar indirekte Selbstbewußtsein des Menschen. Die Religion geht daher überall der Philosophie voran, wie in der Geschichte der Menschheit, so auch in der Geschichte der einzelnen. Der Mensch verlegt sein Wesen zuerst außer sich, ehe er es in sich findet. Das eigene Wesen ist ihm zuerst als ein anderes Wesen Gegenstand. Die Religion ist das kindliche Wesen der Menschheit; aber das Kind sieht sein Wesen, den Menschen außer sich, – als Kind ist der Mensch sich als ein anderer Mensch Gegenstand. Der geschichtliche Fortgang in den Religionen besteht deswegen darin, daß das, was der früheren Religion für etwas Objektives galt, jetzt als etwas Subjektives, d.h. was als Gott angeschaut und angebetet wurde, jetzt als etwas Menschliches erkannt wird. Die frühere Religion ist der spätere Götzendienst: der Mensch hat sein eigenes Wesen angebetet. Der Mensch hat sich vergegenständlicht, aber den Gegenstand nicht als sein Wesen erkannt; die spätere Religion tut diesen Schritt; jeder Fortschritt in der Religion ist daher eine tiefere Selbsterkenntnis. Aber jede bestimmte Religion, die ihre älteren Schwestern als Götzendienerinnen bezeichnet, nimmt sich selbst – und zwar notwendig, sonst wäre sie nicht mehr Religion – von dem Schicksal, dem allgemeinen Wesen der Religion aus; sie schiebt nur auf die anderen Religionen, was doch – wenn anders Schuld – die Schuld der Religion überhaupt ist. Weil sie einen anderen Gegenstand, einen anderen Inhalt hat, weil sie über den Inhalt der früheren sich erhoben, wähnt sie sich erhaben über die notwendigen und ewigen Gesetze, die das Wesen der Religion begründen, wähnt sie, daß ihr Gegenstand, ihr Inhalt ein übermenschlicher sei. Aber dafür durchschaut das ihr selbst verborgene Wesen der Religion der Denker, dem die Religion Gegenstand ist, was sich selbst die Religion nicht sein kann.

KARL MARX

Kritik der Religion

Für Deutschland ist die *Kritik der Religion* im wesentlichen beendigt, und die Kritik der Religion ist die Voraussetzung aller Kritik.

Die *profane* Existenz des Irrtums ist kompromitiert, nachdem seine *himmlische oratio pro aris et focis* widerlegt ist. Der Mensch, der in der phantastischen Wirklichkeit des Himmels, wo er einen Übermenschen suchte, nur den *Widerschein* seiner selbst gefunden hat, wird nicht mehr geneigt sein, nur den *Schein* seiner selbst, nur den Unmenschen zu finden, wo er seine wahre Wirklichkeit sucht und suchen muß.

Das Fundament der irreligiösen Kritik ist: *Der Mensch macht die Religion*, die Religion macht nicht den Menschen. Und zwar ist die Religion das Selbstbewußtsein und das Selbstgefühl des Menschen, der sich selbst entweder noch nicht erworben oder schon wieder verloren hat. Aber *der Mensch* das ist kein abstraktes, außer der Welt hockendes Wesen. Der Mensch, das ist *die Welt des Menschen*, Staat, Sozietät. Dieser Staat, diese Sozietät, produzieren die Religion, ein *verkehrtes Weltbewußtsein*, weil sie eine *verkehrte Welt* sind. Die Religion ist die allgemeine Theorie dieser Welt, ihr enzyklopädisches Kompendium, ihre Logik in populärer Form, ihr spiritualistischer Point d'honneur, ihr Enthusiasmus, ihre moralische Sanktion, ihre feierliche Ergänzung, ihr allgemeiner Trost- und Rechtfertigungsgrund. Sie ist die *phantastische Verwirklichung* des menschlichen Wesens, weil das *menschliche Wesen* keine wahre Wirklichkeit besitzt. Der Kampf gegen die Religion ist also mittelbar der Kampf gegen *jene Welt*, deren geistiges *Aroma* die Religion ist.

Das *religiöse* Elend ist in einem der *Ausdruck* des wirklichen Elendes und in einem die *Protestation* gegen das wirkliche Elend. Die Religion ist der Seufzer der bedrängten Kreatur, das Gemüt einer herzlosen Welt, wie sie der Geist geistloser Zustände ist. Sie ist das *Opium* des Volks.

Die Aufhebung der Religion als des *illusorischen* Glücks des Volkes ist die Forderung seines *wirklichen* Glücks. Die Forderung, die Illusionen über seinen Zustand aufzugeben, ist die *Forderung, einen Zustand aufzugeben, der der Illusionen bedarf.* Die Kritik der Religion ist also im *Keim* die *Kritik des Jammertales*, dessen *Heiligenschein* die Religion ist.

Die Kritik hat die imaginären Blumen an der Kette zerpflückt, nicht damit der Mensch die phantasielose, trostlose Kette trage, sondern damit er die Kette abwerfe und die lebendige Blume breche. Die Kritik der Religion enttäuscht den Menschen, damit er denke, handle, seine Wirklichkeit gestalte wie ein enttäuschter, zu Verstand gekommener Mensch, damit er sich um sich selbst und damit um seine wirkliche Sonne bewege. Die Religion ist nur die illusorische Sonne, die sich um den Menschen bewegt, solange er sich nicht um sich selbst bewegt.

Es ist also die *Aufgabe der Geschichte*, nachdem das *Jenseits der Wahrheit* verschwunden ist, die *Wahrheit des Diesseits* zu etablieren. Es ist zunächst die *Aufgabe der Philosophie*, die im Dienste der Geschichte steht, nachdem die *Heiligengestalt* der menschlichen Selbstentfremdung entlarvt ist, die Selbstentfremdung in ihren *unheiligen Gestalten* zu entlarven. Die Kritik des Himmels verwandelt sich damit in die Kritik der Erde, die *Kritik der Religion* in die *Kritik des Rechts*, die *Kritik der Theologie* in die *Kritik der Politik*.

ARTHUR SCHOPENHAUER

Über Religion
Ein Dialog

DEMOPHELES. Unter uns gesagt, lieber alter Freund, es gefällt mir nicht, daß du gelegentlich deine philosophische Befähigung durch Sarkasmen, ja, offenbaren Spott über die Religion an den Tag legst. Der Glaube eines Jeden ist ihm heilig, sollte es daher auch dir seyn.

PHILALETHES. *Nego consequentiam!* Sehe nicht ein, warum ich, der Einfalt des Andern wegen, Respekt vor Lug und Trug haben sollte. Die Wahrheit achte ich überall; eben darum aber nicht was ihr entgegensteht. Mein Wahlspruch ist: *vigeat veritas, et pereat mundus*, dem der Juristen angepaßt: *fiat justitia, et pereat mundus*. Jede Fakultät sollte einen analogen zur Devise haben.

DEMOPHELES. Da würde der der medicinischen wohl lauten: *tornentur pilulae, et pereat mundus*, – welcher am leichtesten in Erfüllung zu bringen wäre.

PHILALETHES. Bewahre der Himmel! Alles *cum grano salis*.

DEMOPHELES. Nun gut: eben darum aber wollte ich, daß du auch die Religion *cum grano salis* verständest und einsähest, daß dem Bedürfniß des Volks nach Maaßgabe seiner Fassungskraft begegnet werden muß. Die Religion ist das einzige Mittel, dem rohen Sinn und ungelenken Verstande der in niedriges Treiben und materielle Arbeit tief eingesenkten Menge die hohe Bedeutung des Lebens anzukündigen und fühlbar zu machen. Denn der Mensch, wie er in der Regel ist, hat ursprünglich für nichts Anderes Sinn, als für die Befriedigung seiner physischen Bedürfnisse und Gelüste, und danach für etwas Unterhaltung und Kurzweil. Religionsstifter und Philosophen kommen auf die Welt, ihn aus seiner Betäubung aufzurütteln und auf den hohen Sinn des Daseyns hinzudeuten: Philosophen, für die Wenigen, die Eximirten; Religionsstifter, für die Vielen, die Menschheit im Großen. Denn φιλοσοφον πληθος αδυνατον ειναι, wie schon dein Plato gesagt hat und du nicht vergessen solltest. Die Religion ist die Metaphysik des Volks, die man ihm schlechterdings lassen und daher sie äußerlich achten muß: denn sie diskreditiren heißt sie ihm nehmen. Wie es eine Volkspoesie giebt und, in den Sprichwörtern, eine Volksweisheit; so muß es auch eine Volksmetaphysik geben. Sie ist allemal eine allegorische Einkleidung der Wahrheit, der Fassungskraft des Volkes angemessen, und leistet, in praktischer und gemüthlicher Hinsicht, d.h. als Richtschnur für das Handeln und als Beruhigung und Trost im Leiden und im Tode, vielleicht eben so viel, als die Wahrheit, wenn wir sie besäßen, selbst leisten könnte. Daher, mein Lieber, ist, nimm mir's nicht übel, sie zu verspotten, beschränkt und ungerecht zugleich.

Philalethes. Aber ist es nicht eben so beschränkt und ungerecht, zu verlangen, daß es keine andere Metaphysik, als diese, nach dem Bedürfniß und der Fassungskraft des Volkes zugeschnittene, geben solle? daß ihre Lehren der Markstein des menschlichen Forschens und die Richtschnur alles Denkens seyn sollen, so daß auch die Metaphysik der Wenigen und Eximirten, wie du sie nennst, hinauslaufen müsse auf Bestätigung, Befestigung und Erläuterung jener Metaphysik des Volks? daß also die höchsten Kräfte des menschlichen Geistes unbenutzt und unentwickelt bleiben, ja, im Keim erstickt werden sollen, damit nicht etwan ihre Thätigkeit sich mit jener Volksmetaphysik durchkreuze? Und steht es denn, bei den Prätensionen der Religion, im Grunde anders? Ziemt es Dem, Toleranz, ja, zarte Schonung zu predigen, der die Intoleranz und Schonungslosigkeit selbst ist? Ich rufe Ketzergerichte und Inquisitionen, Religionskriege und Kreuzzüge, Sokrates' Becher und Bruno's Scheiterhaufen zum Zeugen an! Und ist es nun damit zwar heut zu Tage vorbei; was kann dem ächten philosophischen Streben, dem aufrichtigen Forschen nach Wahrheit, diesem edelsten Beruf edelster Menschheit, mehr im Wege stehn, als jene konventionelle, vom Staate mit dem Monopol belehnte Metaphysik, deren Satzungen jedem Kopfe, in frühester Jugend, eingeprägt werden, so ernstlich, so tief, so fest, daß sie, wenn er nicht von mirakuloser Elasticität ist, unauslöschlich haften, wodurch seiner gesunden Vernunft Ein für alle Mal das Koncept verrückt wird, d. h. seine ohnehin schwache Fähigkeit zum eigenen Denken und unbefangenen Urtheilen, hinsichtlich auf alles damit Zusammenhangende, auf immer gelähmt und verdorben ist.

Demopheles. Eigentlich heißt dies wohl, die Leute haben alsdann eine Ueberzeugung gewonnen, die sie nicht aufgeben wollen, um die Deinige dagegen anzunehmen.

Philalethes. O, wenn es auf Einsicht gegründete Ueberzeugung wäre! Der wäre mit Gründen beizukommen und uns stände das Feld zum Kampfe mit gleichen Waffen offen. Allein die Religionen wenden sich ja eingeständlich nicht an die Ueberzeugung, mit Gründen, sondern an den Glauben, mit Offenbarungen. Zu diesem letzteren ist nun aber die Fähigkeit am stärksten in der Kindheit: daher ist man, vor Allem, darauf bedacht, sich dieses zarten Alters zu bemächtigen. Hiedurch, viel mehr noch, als durch Drohungen und Berichte von Wundern, schlagen die Glaubenslehren Wurzel. Wenn nämlich dem Menschen, in früher Kindheit, gewisse Grundansichten und Lehren mit ungewohnter Feierlichkeit und mit der Miene des höchsten, bis dahin von ihm noch nie gesehenen Ernstes wiederholt vorgetragen werden, dabei die Möglichkeit eines Zweifels daran ganz übergangen, oder aber nur berührt wird, um darauf als den ersten Schritt zum ewigen Verderben hinzudeuten; da wird der Eindruck so tief ausfallen, daß, in der Regel, d.h. in fast allen Fällen, der Mensch fast so unfähig seyn wird, an jenen Lehren, wie an seiner eigenen Existenz, zu zweifeln; weshalb dann unter vielen Tausenden kaum Einer die Festigkeit des Geistes besitzen wird, sich ernstlich und aufrichtig zu fragen: ist Das wahr? passender, als man glaubte, hat man daher Die, welche es dennoch vermögen, starke Geister, *esprits forts*, benannt. Für die Uebrigen nun aber giebt es nichts so Absurdes, oder Empörendes, daß nicht, wenn auf jenem Wege eingeimpft, der festeste Glaube daran in ihnen Wurzel schlüge. Wäre es z.B., daß die Tödtung eines Ketzers, oder Ungläubigen, ein wesentliches Stück zum dereinstigen Seelenheil sei; so würde fast Jeder Dies zur Hauptangelegenheit seines Lebens machen und im Sterben aus der Erinnerung des Gelingens Trost und Stärkung schöpfen; wie ja wirklich ehemals fast jeder Spanier ein *auto de fè* für das frömmste und gottgefälligste Werk hielt; wozu wir ein Gegenstück in Indien haben, an der erst vor Kurzem durch zahlreiche Hinrichtungen, von den Engländern, unterdrückten religiösen Genossenschaft der Thugs, deren Mitglieder ihre Religiosität und Verehrung der Göttin Kali dadurch bethätigten, daß sie, bei jeder Gelegenheit, ihre eigenen Freunde und Reisegefährten meuchlerisch ermordeten, um sich ihres Eigenthums zu bemächtigen, und ganz ernstlich in dem Wahne standen, etwas sehr Löbliches und ihrem ewigen Heile Förderliches damit zu leisten. So stark demnach ist die Gewalt früh eingeprägter religiöser Dogmen, daß sie das Gewissen und zuletzt alles Mitleid und alle Menschlichkeit zu ersticken vermag. Willst du aber was frühe Glaubenseinimpfung leistet, mit eigenen Augen und in der Nähe sehn; so betrachte die Engländer. Sieh' diese von der Natur vor allen andern begünstigte und mit Verstand, Geist, Urtheilskraft und Charakterfestigkeit mehr, als alle übrigen, ausgestattete Nation, sieh' sie, tief unter alle andern herabgesetzt, ja, geradezu verächtlich gemacht, durch ihren stupiden Kirchenaberglauben, welcher, zwischen ihren übrigen Fähigkeiten, ordentlich wie ein fixer Wahn, eine Monomanie, erscheint. Das haben sie bloß Dem zu danken, daß die Erziehung in den Händen der Geistlichkeit ist, welche Sorge trägt, ihnen sämmtliche Glaubensartikel in frühester Jugend so einzuprägen, daß es bis zu einer Art partieller Gehirnlähmung geht, die sich dann zeitlebens in jener blödsinnigen Bigotterie äußert, durch welche sogar übrigens höchst verständige und geistreiche Leute unter ihnen sich degradiren und uns an ihnen ganz irre werden lassen. Wenn wir nun aber erwägen, wie wesentlich es zu dergleichen Meisterstücken ist, daß die Glaubensimpfung im zarten Kindesalter geschehe; so wird uns das Missionswesen nicht mehr bloß als der Gipfel menschlicher Zudringlichkeit, Arroganz und Impertinenz, sondern auch als absurd erscheinen, so weit nämlich, als es sich nicht auf Völker beschränkt, die noch im Zustande der KINDHEIT sind, wie etwan Hottentotten, Kaffern, Südseeinsulaner und dergleichen, wo es demgemäß auch wirklich Erfolg gehabt hat; während hingegen in Indien die Brahmanen die Vorträge der Missionarien mit herablassendem beifälligen Lächeln, oder mit Achselzucken erwidern und überhaupt unter diesem Volke, der bequemsten Gelegenheit ungeachtet, die Bekehrungsversuche der Missionarien durchgängig gescheitert sind. Ein authentischer Bericht, im 21. Bande des *Asiatic Journal*, von 1826 giebt an, daß, nach so vieljähriger Thätigkeit der Missionarien, in ganz Indien, (davon die Englischen Besitzungen allein 115 Millionen Einwohner haben) nicht mehr als 300 lebende Konvertiten zu finden sind, und zugleich wird eingestanden, daß die Christlichen Konvertiten sich durch die äußerste Immoralität auszeichnen. Es werden eben 300 feile, erkaufte Seelen gewesen seyn, aus so vielen Millionen. Daß es seitdem in Indien mit dem Christenthum besser gienge, ersehe ich nirgends; wiewohl die Missionäre jetzt suchen, in den ausschließlich dem weltlichen Englischen Unterricht gewidmeten Schulen, dennoch, gegen die Abrede, in ihrem Sinn auf die Kinder zu wirken, um das Christenthum einzuschwärzen, wogegen jedoch die Hindu mit größter Eifersucht auf ihrer Hut sind. Denn, wie gesagt, nur die Kindheit, nicht das Mannesalter, ist die Zeit, die Saat des Glaubens zu säen, zumal nicht, wo schon ein früherer wurzelt: die gewonnene Ueberzeugung aber, welche erwachsene Konvertiten vorgeben, ist, in der Regel, nur die Maske irgend eines persönlichen Interesses. Eben weil man fühlt, daß Dies fast nicht anders seyn könne, wird überall ein Mensch, der im reifen Alter seine Religion wechselt, von den Meisten verachtet: gleichwohl legen eben diese dadurch an den Tag, daß sie die Religion nicht für Sache vernünftiger Ueberzeugung, sondern bloß des früh und vor aller Prüfung eingeimpften Glaubens halten. Daß sie aber hierin Recht haben geht auch daraus hervor, daß nicht bloß die blind glaubende Menge, sondern auch die Priesterschaft jeder Religion, welche, als solche, die Quellen und Gründe und Dogmen und Streitigkeiten derselben studirt hat, in allen ihren Mitgliedern, getreu und eifrig der Religion ihres jedesmaligen Vaterlandes anhängt; daher der Uebergang eines Geistlichen der einen Religion, oder Konfession, zu einer andern die seltenste Sache der Welt ist. So z. B. sehn wir die katholische Geistlichkeit von der Wahrheit aller Sätze ihrer Kirche vollkommen überzeugt, und eben so die protestantische von der der ihrigen, und Beide vertheidigen die Satzungen ihrer Konfession mit gleichem Eifer. Dennoch richtet diese Ueberzeugung sich bloß nach dem Lande, wo jeder geboren ist: dem süddeutschen Geistlichen nämlich leuchtet die Wahrheit des katholischen Dogma's vollkommen ein, dem norddeutschen aber die des protestantischen. Wenn nun also dergleichen Ueberzeugungen auf objektiven Gründen beruhen; so müssen diese Gründe klimatisch seyn und, wie die Pflanzen, die einen nur hier, die andern nur dort gedeihen. Das Volk nun aber nimmt überall auf Treu und Glauben die Ueberzeugungen dieser Lokal-Ueberzeugten an.

DEMOPHELES. Schadet nicht und macht im Wesentlichen keinen Unterschied: auch ist z. B. wirklich der Protestantismus dem Norden, der Katholicismus dem Süden angemessener.

PHILALETHES. Es scheint so. Ich aber habe einen höheren Gesichtspunkt gefaßt und behalte einen wichtigeren Gegenstand im Auge, nämlich die Fortschritte der Erkenntniß der Wahrheit im Menschengeschlecht. Für diese ist es eine erschreckliche Sache, daß Jedem, wo immer auch er geboren sei, schon in frühester Jugend gewisse Behauptungen eingeprägt werden, unter der Versicherung, daß er, bei Gefahr sein ewiges Heil zu verwirken, sie nie in Zweifel ziehn dürfe; sofern nämlich, als es Behauptungen sind, welche die Grundlage aller unserer übrigen Erkenntnisse betreffen, demzufolge für diese den Gesichtspunkt auf immer feststellen und, falls sie selbst falsch sind, ihn auf immer verrücken: da ferner ihre Folgesätze in das ganze System unserer Erkenntnisse überall eingreifen, wird dann durch sie das gesammte menschliche Wissen durch und durch verfälscht. Dies belegt jede Litteratur, am auffallendesten die des Mittelalters, aber nur zu sehr auch die des 16. und 17. Jahrhunderts. Sehn wir doch, in allen jenen Zeiten, selbst die Geister ersten Ranges wie gelähmt durch solche falsche Grundvorstellungen, besonders aber alle Einsicht in das wahre Wesen und Wirken der Natur ihnen wie mit einem Brette vernagelt. Denn während des ganzen Christlichen Zeitraums liegt der Theismus wie ein drückender Alp auf allen geistigen, zumal philosophischen Bestrebungen und hemmt, oder verkümmert, jeden Fortschritt. Gott, Teufel, Engel und Dämonen verdecken den Gelehrten jener Zeiten die ganze Natur: keine Untersuchung wird zu Ende geführt, keiner Sache auf den Grund gegangen; sondern Alles, was über den augenfälligsten Kausalnexus hinausgeht, durch jene Persönlichkeiten alsbald zur Ruhe gebracht, indem es sogleich heißt, wie, bei einer solchen Gelegenheit, Pomponatius sich ausdrückt: *certe philosophi nihil verisimile habent ad haec, quare necesse est, ad Deum, ad angelos et daemones recurrere (de incantat. c. 7.)*. Diesen Mann freilich kann man dabei in den Verdacht der Ironie nehmen; da seine Tücke anderweitig bekannt ist: jedoch hat er damit nur die allgemeine Denkungsart seines Zeitalters ausgesprochen. Hatte hingegen wirklich Einer die seltene Elasticität des Geistes, welche allein die Fesseln zu sprengen vermag; so wurden seine Schriften, und wohl gar er mit, verbrannt; wie es dem Bruno und Vanini ergangen ist. – Wie völlig gelähmt aber die GEWÖHNLICHEN Köpfe durch jene frühzeitige, metaphysische Zurichtung werden, kann man am grellsten und von der lächerlichen Seite dann sehn, wann ein solcher eine fremde Glaubenslehre zu kritisiren unternimmt. Da findet man ihn in der Regel bloß bemüht, sorgfältig darzuthun, daß die Dogmen derselben zu denen seiner eigenen nicht stimmen, indem er mühsam auseinandersetzt, daß in jenen nicht nur nicht das Selbe gesagt, sondern auch ganz gewiß nicht das Selbe gemeint sei, wie in denen der seinigen. Damit glaubt er, in aller Einfalt, die Falschheit der fremden Glaubenslehre bewiesen zu haben. Es fällt ihm wirklich gar nicht ein, die Frage aufzuwerfen, welche von Beiden wohl Recht haben möge. Ein belustigendes Beispiel dieser Art hat der *Reverend Mr. Morrison* im 20. Bande des *Asiatic Journal* geliefert, woselbst er die Religion und Philosophie der Chinesen kritisirt, – daß es eine Freude ist.

Demopheles. Das ist nun also dein höherer Gesichtspunkt. Aber ich versichere dich, daß es einen noch höheren giebt. Das *primum vivere, deinde philosophari* hat einen umfassenderen Sinn, als den, der sogleich ins Auge fällt. – Vor Allem kommt es darauf an, die rohen und schlechten Gemüther der Menge zu bändigen, um sie vom äußersten Unrecht, von Grausamkeiten, von Gewalt- und Schandthaten abzuhalten. Wenn man nun damit warten wollte, bis sie die Wahrheit erkannt und gefaßt hätten; so käme man unfehlbar zu spät. Denn, gesetzt auch, sie wäre bereits gefunden; so wird sie ihre Fassungskraft übersteigen. Für sie taugt jedenfalls bloß eine allegorische Einkleidung derselben, eine Parabel, ein Mythos. Es muß, wie Kant gesagt hat, eine öffentliche Standarte des Rechts und der Tugend geben, ja, diese muß allezeit hoch flattern. Es ist am Ende einerlei, welche heraldische Figuren darauf stehn; wenn sie nur bezeichnet was gemeint ist. Eine solche Allegorie der Wahrheit ist jederzeit und überall, für die Menschheit im Großen, ein taugliches Surrogat der ihr doch ewig unzugänglichen Wahrheit selbst und überhaupt der ihr nimmermehr faßlichen Philosophie; zu geschweigen, daß diese täglich ihre Gestalt wechselt und noch in keiner zur allgemeinen Anerkennung gelangt ist. Die praktischen Zwecke also, mein guter Philalethes, gehn, in jeder Beziehung, den theoretischen vor.

PHILALETHES. Fast argwöhne ich, du wolltest, nach heutiger Mode, mir zu Gemüthe führen

»Doch, guter Freund, die Zeit kommt auch heran,
Wo wir was Gut's in Ruhe schmausen mögen,«

und deine Empfehlung laufe darauf hinaus, daß wir bei Zeiten Sorge tragen sollen, damit alsdann die Wogen der unzufriedenen, tobenden Menge uns nicht bei Tafel stören mögen. Dieser ganze Gesichtspunkt aber ist so falsch, wie er heut zu Tage allgemein beliebt und belobt ist; daher ich mich beeile, Verwahrung dagegen einzulegen. Es ist FALSCH, daß Staat, Recht und Gesetz nicht ohne Beihülfe der Religion und ihrer Glaubensartikel aufrecht erhalten werden können, und daß Justiz und Polizei, um die gesetzliche Ordnung durchzusetzen, der Religion, als ihres nothwendigen Komplementes bedürfen. FALSCH ist es, und wenn es hundert Mal wiederholt wird. Denn eine faktische und schlagende *instantia in contrarium* liefern uns die Alten, zumal die Griechen. Das nämlich, was wir unter RELIGION verstehn, hatten sie durchaus nicht. Sie hatten keine heilige Urkunden und kein Dogma, das gelehrt, dessen Annahme von Jedem gefordert und das der Jugend frühzeitig eingeprägt worden wäre. – Eben so wenig wurde von den Dienern der Religion Moral gepredigt, oder kümmerten sich die Priester irgend um die Moralität, oder überhaupt um das Thun und Lassen der Leute. Ganz und gar nicht! Sondern die Pflicht der Priester erstreckte sich bloß auf Tempelceremonien, Gebete, Gesänge, Opfer, Processionen, Lustrationen u. dgl. m., welches Alles nichts weniger, als die moralische Besserung der Einzelnen zum Zweck hatte. Vielmehr bestand die ganze sogenannte Religion bloß darin, daß, vorzüglich in den Städten, einige der *Deorum majorum gentium*, hier dieser, dort jener, TEMPEL hatten, in denen ihnen der besagte Kultus, von Staats wegen, geleistet wurde, der also im Grunde Polizeisache war. Kein Mensch, außer den dabei thätigen Funktionarien, war irgend genöthigt, dabei gegenwärtig zu seyn, oder auch nur daran zu glauben. Im ganzen Alterthum ist keine Spur von einer Verpflichtung, irgend ein Dogma zu glauben. Bloß wer die Existenz der Götter öffentlich leugnete, oder sonst sie verunglimpfte, war strafbar: denn er beleidigte den Staat, der ihnen diente: außerdem aber blieb Jedem überlassen, was er davon halten wollte. Beliebte es Einem, sich privatim, durch Gebete oder Opfer, die Gunst eben jener Götter zu erwerben; so stand ihm Dies, auf eigene Kosten und Gefahr, frei: that er es nicht; so hatte auch kein Mensch etwas dagegen: am wenigsten der Staat. Zu Hause hatte, bei den Römern, Jeder seine eigenen Laren und Penaten, die aber im Grunde bloß die verehrten Bilder seiner Ahnen waren. Von der Unsterblichkeit der Seele und einem Leben nach dem Tode, hatten die Alten gar keine feste, deutliche, am wenigsten dogmatisch fixirte Begriffe, sondern ganz lockere, schwankende, unbestimmte und problematische Vorstellungen, Jeder in seiner Weise: und eben so verschieden, individuell und vage waren auch die Vorstellungen von den Göttern. Also RELIGION, in unserm Sinne des Wortes, hatten die Alten wirklich nicht. Hat nun aber deswegen bei ihnen Anarchie und Gesetzlosigkeit geherrscht? ist nicht vielmehr Gesetz und bürgerliche Ordnung so sehr ihr Werk, daß es noch die Grundlage der unsrigen ausmacht? war nicht das Eigenthum, obwohl es sogar großen Theils aus Sklaven bestand, vollkommen gesichert? Und hat dieser Zustand nicht weit über ein Jahrtausend gedauert? –

Also kann ich die praktischen Zwecke und die Nothwendigkeit der Religion, in dem von dir angedeuteten und heut zu Tage allgemein beliebten Sinne, nämlich als einer unentbehrlichen Grundlage aller gesetzlichen Ordnung, nicht anerkennen, und muß mich dagegen verwahren. Denn von einem solchen Standpunkt aus würde das reine und heilige Streben nach Licht und Wahrheit wenigstens donquichotisch und, falls es wagen sollte, im Gefühl seines Rechts, den Auktoritätsglauben als den Usurpator, der den Thron der Wahrheit in Besitz genommen hat und ihn durch fortgesetzten Trug behauptet, zu denunziren, als verbrecherisch erscheinen.

DEMOPHELES. Zur Wahrheit steht die Religion aber nicht im Gegensatz: denn sie lehrt selbst die Wahrheit. Nur darf sie, weil ihr Wirkungskreis nicht ein enger Hörsaal, sondern die Welt und die Menschheit im Großen ist, dem Bedürfnisse und der Fassungskraft eines so großen und gemischten Publikums gemäß, die Wahrheit nicht nackt auftreten lassen, oder, ein medicinisches Gleichniß zu gebrauchen, sie nicht unversetzt eingeben, sondern muß sich, als eines Menstruums, eines mythischen Vehikels bedienen. Auch kannst du sie, in dieser Hinsicht, gewissen chemischen, an sich selbst gasförmigen Stoffen vergleichen, welche man, zum offizinellen Gebrauch, wie auch zur Aufbewahrung, oder zur Versendung, an eine feste, palpable Basis binden muß, weil sie sonst sich verflüchtigen: z.B. das Chlor, welches, zu allen solchen Zwecken, nur in Gestalt der Chlorüren angewandt wird. Im Fall aber, daß die reine und abstrakte, von allem Mythischen freie Wahrheit, uns Allen, auch den Philosophen, auf immer unerreichbar bleiben sollte; dann wäre sie dem Fluor zu vergleichen, welches für sich allein gar nicht ein Mal darstellbar ist, sondern nur an andere Stoffe gebunden auftreten kann. Oder, – weniger gelehrt: die überhaupt nicht anders, als mythisch und allegorisch aussprechbare Wahrheit gliche dem Wasser, welches ohne Gefäß nicht transportabel ist; die Philosophen aber, welche darauf bestehn, sie unversetzt zu besitzen, glichen Dem, der das Gefäß zerschlüge, um das Wasser für sich allein zu haben. Vielleicht verhält es sich wirklich so. Jedenfalls aber ist Religion die allegorisch und mythisch ausgesprochene, und dadurch der Menschheit im Großen zugänglich und verdaulich gemachte Wahrheit: denn rein und unversetzt könnte sie solche nimmermehr vertragen; wie wir nicht im reinen Oxygen leben können, sondern eines Zusatzes von 4/5 Azot bedürfen. Und ohne Bild geredet: dem Volke kann der tiefe Sinn und das hohe Ziel des Lebens nur SYMBOLISCH eröffnet und vorgehalten werden; weil es nicht fähig ist, solche im eigentlichen Verstande zu fassen. Philosophie hingegen soll seyn wie die Eleusinischen Mysterien, für die Wenigen, die Auserwählten.

PHILALETHES. Verstehe schon: die Sache läuft hinaus auf die Wahrheit im Gewande der Lüge. Aber damit tritt sie in eine ihr verderbliche Allianz. Denn was für eine gefährliche Waffe wird nicht Denen in die Hände gegeben, welche die Befugniß erhalten, sich der Unwahrheit als Vehikels der Wahrheit zu bedienen! Wenn es so steht, fürchte ich, daß das Unwahre an der Sache mehr Schaden stiften wird, als das Wahre je Nutzen. Ja, wenn die Allegorie sich eingeständlich als eine solche geben dürfte, da gienge es schon an: allein das würde ihr allen Respekt und damit alle Wirksamkeit benehmen. Sie muß daher als *sensu proprio* wahr sich geltend machen und behaupten; während sie höchstens *sensu allegorico* wahr ist. Hier liegt der unheilbare Schaden, der bleibende Uebelstand, welcher Ursache ist, daß die Religion mit dem unbefangenen, edlen Streben nach reiner Wahrheit stets in Konflikt gerathen ist und es immer von Neuem wird.

Demopheles. Doch nicht: denn auch dafür ist gesorgt. Darf gleich die Religion ihre allegorische Natur nicht geradezu bekennen; so deutet sie solche doch genugsam an.

Philalethes. Und wo denn Das?

Demopheles. In ihren Mysterien. Sogar ist »Mysterium« im Grunde nur der theologische *terminus technicus* für religiöse Allegorie. Auch haben alle Religionen ihre Mysterien. Eigentlich ist ein Mysterium ein offenbar absurdes Dogma, welches jedoch eine hohe, an sich selbst dem gemeinen Verstande der rohen Menge völlig unfaßliche Wahrheit in sich verbirgt, die nun derselbe in dieser Verhüllung aufnimmt, auf Treu und Glauben, ohne sich von der, auch ihm augenfälligen Absurdität irre machen zu lassen: dadurch nun wird er des Kerns der Sache, so weit es ihm möglich ist, theilhaft. Zur Erläuterung kann ich hinzusetzen, daß sogar in der Philosophie der Gebrauch des Mysteriums versucht worden ist, z. B. wenn Paskal, welcher Pietist, Mathematiker und Philosoph zugleich war, in dieser dreifachen Eigenschaft sagt: Gott ist Centrum überall und nirgends Peripherie. Auch MALEBRANCHE hat ganz richtig bemerkt: *la liberté est un mystère.* – Man könnte weiter gehn und behaupten, an den Religionen sei eigentlich Alles Mysterium. Denn die Wahrheit *sensu proprio* dem Volke, in seiner Rohheit, beizubringen ist schlechterdings unmöglich: nur ein mythisch-allegorischer Abglanz derselben kann ihm zufallen und es erleuchten. Die nackte Wahrheit gehört nicht vor die Augen des profanen Vulgus: nur dicht verschleiert darf sie vor ihm erscheinen. Dieserwegen nun ist es eine ganz unbillige Zumuthung an eine Religion, daß sie *sensu proprio* wahr seyn solle, und daher, beiläufig gesagt, sind, in unsern Tagen, sowohl Rationalisten, als Supranaturalisten absurd, indem Beide von der Voraussetzung, daß sie es seyn müsse, ausgehn, unter welcher dann Jene beweisen, daß sie es nicht sei, und Diese hartnäckig behaupten, sie sei es; oder vielmehr Jene das Allegorische so zuschneiden und zurechtlegen, daß es *sensu proprio* wahr seyn könnte, dann aber eine Plattitüde wäre; Diese aber es, ohne weitere Zurichtung, als *sensu proprio* wahr behaupten wollen, – welches doch ohne Ketzergerichte und Scheiterhaufen gar nicht durchzusetzen ist; wie sie wissen sollten. Wirklich hingegen ist Mythos und Allegorie das eigentliche Element der Religion: aber unter dieser, wegen der geistigen Beschränktheit des großen Haufens, unumgänglichen Bedingung, leistet sie dem so unvertilgbaren, metaphysischen Bedürfniß des Menschen sehr wohl Genüge und vertritt die Stelle der, unendlich schwer und vielleicht nie zu erreichenden, reinen philosophischen Wahrheit.

PHILALETHES. O ja, ungefähr so, wie ein hölzernes Bein die Stelle eines natürlichen vertritt: es füllt sie aus, thut auch nothdürftig dessen Dienste, prätendirt dabei für ein natürliches angesehn zu werden, ist bald mehr, bald weniger künstlich zusammengesetzt u.s.f. Ein Unterschied dagegen ist, daß, in der Regel, ein natürliches Bein früher dawar, als das hölzerne, die Religion hingegen überall der Philosophie den Vorsprung abgewonnen hat.

DEMOPHELES. Mag Alles seyn: aber für Den, der kein natürliches Bein hat, ist ein hölzernes von großem Werth. Du mußt im Auge behalten, daß das metaphysische Bedürfniß des Menschen schlechterdings Befriedigung verlangt; weil der Horizont seiner Gedanken abgeschlossen werden muß, nicht unbegränzt bleiben darf. Urtheilskraft nun aber, Gründe abzuwiegen und dann zwischen Wahrem und Falschem zu entscheiden, hat der Mensch, in der Regel, nicht: zudem läßt die von der Natur und ihrer Noth ihm aufgelegte Arbeit ihm keine Zeit zu derartigen Untersuchungen, noch zu der Bildung, die sie voraussetzen. Also kann bei ihm nicht die Rede seyn von Ueberzeugung aus Gründen; sondern auf Glauben und Auktorität ist er verwiesen. Selbst wenn eine wirklich wahre Philosophie die Stelle der Religion eingenommen hätte; so würde sie von allerwenigstens 9/10 der Menschen doch nur auf Auktorität angenommen werden, also wieder Glaubenssache seyn: denn bei Plato's φιλοσοφον πληθος αδυνατον ειναι wird es immerdar bleiben. Auktorität nun aber wird allein durch Zeit und Umstände begründet; daher wir sie nicht Dem verleihen können, was nichts, als Gründe, für sich hat: sonach müssen wir sie Dem lassen, was, durch den Weltlauf, sie ein Mal erlangt hat, wenn es auch nur die allegorisch dargestellte Wahrheit ist. Diese nun, auf Auktorität gestützt, wendet sich zunächst an die eigentlich metaphysische Anlage des Menschen, also an das theoretische Bedürfniß, welches aus dem sich aufdringenden Räthsel unsers Daseyns und aus dem Bewußtseyn hervorgeht, daß hinter dem Physischen der Welt irgendwie ein Metaphysisches stecken müsse, ein Unwandelbares, welches dem beständigen Wandel zur Grundlage dient; sodann aber an den Willen, an Furcht und Hoffnung der in steter Noth lebenden Sterblichen: sie schafft ihnen demnach Götter und Dämonen, die sie anrufen, die sie besänftigen, die sie gewinnen können; endlich aber auch wendet sie sich an ihr unleugbar vorhandenes moralisches Bewußtseyn, dem sie Bestätigung und Anhalt von außen verleiht, eine Stütze, ohne welche dasselbe, im Kampfe mit so vielen Versuchungen, sich nicht leicht würde aufrecht erhalten können. Eben von dieser Seite gewährt die Religion, in den zahllosen und großen Leiden des Lebens, eine unerschöpfliche Quelle des Trostes und der Beruhigung, welche den Menschen auch im Tode nicht verläßt, vielmehr gerade dann ihre ganze Wirksamkeit entfaltet.

PHILALETHES. Diese letztere Seite ist allerdings der Glanzpunkt der Religion. Ist sie eine *fraus*; so ist sie wahrlich eine *pia fraus*: das ist nicht zu leugnen. Sonach aber werden uns die Priester zu einem sonderbaren Mittelding von Betrügern und Sittenlehrern. Denn die eigentliche Wahrheit dürfen sie, wie du selbst ganz richtig auseinandergesetzt hast, nicht lehren, auch wenn sie ihnen bekannt wäre; wie sie es nicht ist. Eine wahre Philosophie kann es danach allenfalls geben; aber gar keine wahre Religion: ich meyne wahr im wahren und eigentlichen Wortverstande und nicht bloß so durch die Blume, oder Allegorie, wie du es geschildert hast, in welchem Sinne vielmehr jede wahr seyn wird, nur in verschiedenen Graden. Allerdings aber ist es dem unentwirrbaren Gemische von Wohl und Uebel, Redlichkeit und Falschheit, Güte und Bosheit, Edelmuth und Niederträchtigkeit, welches die Welt uns durchgängig darbietet, ganz entsprechend, daß die wichtigste, höchste und heiligste Wahrheit nicht anders, als mit der Lüge versetzt, auftreten kann, ja, von dieser, als welche stärker auf die Menschen wirkt, Kraft borgen und von ihr eingeführt werden muß, als Offenbarung. Man könnte sogar dies Faktum als Monogramm der moralischen Welt betrachten. Indessen wollen wir die Hoffnung nicht aufgeben, daß die Menschheit dereinst auf den Punkt der Reife und Bildung gelangen wird, wo sie die wahre Philosophie einerseits hervorzubringen und andrerseits aufzunehmen vermag. Diese wird dann freilich die Religion von dem Platze herunterstoßen, den sie so lange vikarirend eingenommen, aber eben dadurch jener offen gehalten hatte. Dann nämlich wird die Religion ihren Beruf erfüllt und ihre Bahn durchlaufen haben: sie kann dann das bis zur Mündigkeit geleitete Geschlecht entlassen, selbst aber in Frieden dahinscheiden. Dies wird die Euthanasie der Religion seyn. Aber so lange sie lebt hat sie zwei Gesichter: eines der Wahrheit und eines des Truges. Je nachdem man das eine, oder das andere ins Auge faßt, wird man sie lieben, oder anfeinden. Daher muß man sie als ein nothwendiges Uebel betrachten, dessen Nothwendigkeit auf der erbärmlichen Geistesschwäche der großen Mehrzahl der Menschen beruht, welche die Wahrheit zu fassen unfähig ist und daher, in einem dringenden Fall, eines Surrogats derselben bedarf.

Demopheles. Wahrhaftig, man sollte denken, daß ihr Philosophen die Wahrheit schon ganz fertig liegen hättet und es nur noch darauf ankäme, sie zu fassen.

Philalethes. Wenn wir sie nicht haben, so ist Dies hauptsächlich dem Drucke zuzuschreiben, unter welchem, zu allen Zeiten und in allen Ländern, die Philosophie von der Religion gehalten worden ist. Nicht nur das Aussprechen und die Mittheilung der Wahrheit, nein, selbst das Denken und Auffinden derselben hat man unmöglich zu machen gesucht, dadurch, daß man in frühester Kindheit die Köpfe den Priestern, zum Bearbeiten, in die Hände gab, die nun das Gleis, in welchem die Grundgedanken sich fortan zu bewegen hatten, so fest hineindrückten, daß solche, in der Hauptsache, für die ganze Lebenszeit festgestellt und bestimmt waren. Erschrecken muß ich bisweilen, wenn ich, zumal von meinen orientalischen Studien kommend, die Schriften, selbst der vortrefflichsten Köpfe, des 16. und 17. Jahrhunderts in die Hand nehme und nun sehe, wie sie überall durch den jüdischen Grundgedanken paralysirt und von allen Seiten eingehemmt sind. So zugerichtet ersinne mir Einer die wahre Philosophie!

Demopheles. Und wäre sie übrigens gefunden, diese wahre Philosophie; so würde darum doch nicht, wie du meinst, die Religion aus der Welt kommen. Denn es kann nicht Eine Metaphysik für Alle geben: der natürliche Unterschied der Geisteskräfte und der hinzukommende ihrer Ausbildung läßt es nimmermehr zu. Die große Mehrzahl der Menschen muß nothwendig der schweren körperlichen Arbeit obliegen, die zur Herbeischaffung des endlosen Bedarfs des ganzen Geschlechts unerläßlich erfordert ist: nicht nur läßt ihr Dies keine Zeit zur Bildung, zum Lernen, zum Nachdenken; sondern, vermöge des entschiedenen Antagonismus zwischen Irritabilität und Sensibilität, stumpft die viele und angestrengte körperliche Arbeit den Geist ab, macht ihn schwer, plump, ungelenk und daher unfähig andere, als ganz einfache und palpable Verhältnisse zu fassen. Unter diese Kategorie nun aber fallen wenigstens 9/10 des Menschengeschlechts. Einer Metaphysik aber, d.i. einer Rechenschaft über die Welt und unser Daseyn, bedürfen die Leute darum doch; weil solche zu den natürlichsten Bedürfnissen des Menschen gehört; und zwar einer Volksmetaphysik, welche, um Dies seyn zu können, gar viele und seltene Eigenschaften vereinigen muß: nämlich eine große Faßlichkeit mit einer gewissen Dunkelheit, ja, Undurchdringlichkeit, an den rechten Stellen; sodann muß mit ihren Dogmen eine richtige und ausreichende Moral verknüpft seyn: vor Allem aber muß sie unerschöpflichen Trost im Leiden und im Tode mit sich bringen. Hieraus folgt nun schon, daß sie nur *sensu allegorico*, nicht *sensu proprio* wahr seyn kann. Ferner muß sie nun noch die Stütze einer, durch hohes Alter, allgemeine Anerkennung, Urkunden, nebst Ton und Vortrag derselben, imponirenden Auktorität haben, lauter Eigenschaften, die so unendlich schwer zu vereinigen sind, daß gar Mancher, wenn er es erwöge, nicht so bereitwillig mithelfen würde, eine Religion zu unterminiren, sondern bedenken, daß sie der heiligste Schatz des Volkes ist. Der höher Gebildete mag immerhin sich die Religion *cum grano salis* auslegen; der Gelehrte, der denkende Kopf, mag sie, in der Stille, gegen eine Philosophie vertauschen. Und paßt doch sogar hier nicht EINE Philosophie für Alle, sondern eine jede zieht, nach Gesetzen der Wahlverwandtschaft, dasjenige Publikum an sich, dessen Bildung und Geisteskräften sie angemessen ist. Daher giebt es allezeit eine niedrige Schulmetaphysik, für den gelehrten Plebs, und eine höhere, für die Elite. Mußte z. B. doch auch Kants hohe Lehre erst für die Schulen herabgezogen und verdorben werden, durch Fries, Krug, Salat und ähnliche Leute. Kurz, hier gilt so sehr, als irgendwo, Göthe's »Eines paßt sich nicht für Alle.« Reiner Offenbarungsglaube und reine Metaphysik sind für die beiden Extreme: für die Zwischenstufen sind eben auch Modifikationen jener Beiden wechselseitig durch einander, in zahllosen Kombinationen und Gradationen. So erfordert es der unermeßliche Unterschied, den Natur und Bildung zwischen Menschen setzen.

PHILALETHES. Dieser Gesichtspunkt erinnert

mich ernstlich an die, von dir schon erwähnten Mysterien der Alten, als welchen die Absicht zum Grunde zu liegen scheint, jenem, aus der Verschiedenheit der geistigen Anlagen und der Bildung entspringenden Uebelstande abzuhelfen. Ihr Plan dabei war, aus dem großen Haufen der Menschen, welchem die unverschleierte Wahrheit durchaus unzugänglich ist, Einige auszusondern, denen man solche, bis auf einen gewissen Grad, enthüllen durfte; aus diesen aber wieder Einige, denen man noch mehr offenbarte, da sie mehr zu fassen vermochten; und so aufwärts bis zu den Epopten. So gab es denn μικρα, και μειζονα, και μεγιστα μυστηρια. Eine richtige Erkenntniß der intellektuellen Ungleichheit der Menschen lag der Sache zum Grunde.

Demopheles. Gewissermaßen vertritt bei uns die Bildung auf niedern, mittleren und hohen Schulen die verschiedenen Weihen der Mysterien.

Philalethes. Doch nur sehr annäherungsweise, und auch Dies nur, so lange über Gegenstände des höheren Wissens ausschließlich latein geschrieben wurde. Aber seitdem Das aufgehört hat, werden alle Mysterien profanirt.

Demopheles. Wie Dem auch seyn möge, so wollte ich, hinsichtlich der Religion, noch erinnern, daß du sie weniger von der theoretischen, und mehr von der praktischen Seite auffassen solltest. Mag immerhin die personificirte Metaphysik ihre Feindin, so wird doch die personificirte Moral ihre Freundin seyn. Vielleicht ist in allen Religionen das Metaphysische falsch; aber das Moralische ist in allen wahr: Dies ist schon daraus zu vermuthen, daß in jenem sie einander sämmtlich widerstreiten, in diesem aber alle übereinstimmen, –

PHILALETHES. Welches einen Beleg abgiebt zu der logischen Regel, daß aus falschen Prämissen eine wahre Konklusion folgen kann.

DEMOPHELES. Nun so halte dich an die Konklusion und sei stets eingedenk, daß die Religion zwei Seiten hat. Sollte sie auch, bloß von der theoretischen, also intellektualen Seite gesehn, nicht zu Rechte bestehn können; so zeigt sie dagegen von der moralischen Seite sich als das alleinige Lenkungs-, Bändigungs- und Besänftigungsmittel dieser Rasse vernunftbegabter Thiere, dessen Verwandtschaft mit dem Affen die mit dem Tiger nicht ausschließt. Zugleich ist sie die, in der Regel, ausreichende Befriedigung des dumpfen metaphysischen Bedürfnisses derselben. Wenn du sie so auffassest, und bedenkst, daß ihre Zwecke überwiegend praktisch und nur untergeordnet theoretisch sind; so wird sie dir höchst achtungswerth erscheinen.

PHILALETHES. Welcher Respekt denn doch am Ende auf dem Grundsatz beruhen würde, daß der Zweck die Mittel heiligt. Ich fühle jedoch zu einem darauf errichteten Kompromiß keine Neigung. Mag immerhin die Religion ein excellentes Zähmungs- und Abrichtungsmittel des verkehrten, stumpfen und boshaften bipedischen Geschlechtes seyn; in den Augen des Freundes der Wahrheit bleibt jede *fraus*, sei sie auch noch so *pia*, verwerflich. Lug und Trug wären doch ein seltsames Tugendmittel. Die Fahne, zu der ich geschworen habe, ist die Wahrheit: ihr werde ich überall treu bleiben und, unbekümmert um den Erfolg, kämpfen für Licht und Wahrheit. Erblikke ich die Religionen in der feindlichen Reihe; so werde ich – – – –

Demopheles. Da findest du sie aber nicht! Die Religion ist kein Betrug: sie ist wahr, und ist die wichtigste aller Wahrheiten. Weil aber, wie schon gesagt, ihre Lehren so hoher Art sind, daß der große Haufen sie nicht unmittelbar fassen könnte; weil, sage ich, das Licht derselben das gemeine Auge blenden würde; so tritt sie in den Schleier der Allegorie gehüllt auf und lehrt Das, was nicht geradezu an sich selbst, wohl aber dem hohen, darin enthaltenen Sinne nach, wahr ist: und so verstanden, ist sie die Wahrheit.

Philalethes. Das ließe sich schon hören, – wenn sie nur sich als bloß allegorisch wahr geben dürfte. Allein sie tritt auf mit dem Anspruch, geradezu und im ganz eigentlichen Sinne des Wortes wahr zu seyn: darin liegt der Trug, und hier ist es, wo der Freund der Wahrheit sich ihr feindlich entgegenstellen muß.

DEMOPHELES. Aber Das ist ja *conditio sine qua non.* Wollte sie eingestehn, daß bloß der allegorische Sinn ihrer Lehren das Wahre daran sei; so würde ihr dies alle Wirksamkeit benehmen, und ihr unschätzbar wohlthätiger Einfluß auf das Moralische und Gemüthliche im Menschen würde durch solchen Rigorismus verloren gehn. Statt also mit pedantischem Starrsinn darauf zu bestehn, richte den Blick auf ihre großen Leistungen im praktischen Gebiet, im Moralischen, im Gemüthlichen, als Lenkerin des Handelns, als Stütze und Trost der leidenden Menschheit, im Leben und im Tode. Wie sehr wirst du danach Dich hüten, durch theoretische Kritteleien dem Volke etwas zu verdächtigen und dadurch endlich zu entreißen, was ihm eine unerschöpfliche Quelle des Trostes und der Beruhigung ist, deren es so sehr, ja, bei seinem härteren Loose, mehr als wir bedarf: denn schon darum sollte es schlechthin unantastbar seyn.

PHILALETHES. Mit dem Argument hätte man den LUTHER aus dem Felde schlagen können, als er die Ablaßkrämerei angriff: denn wie Manchem haben nicht die Ablaßzettel zum unersetzlichen Trost und vollkommener Beruhigung gereicht, so daß er, im vollen Vertrauen auf ein Päckchen derselben, welches er sterbend in der Hand festhielt, überzeugt, eben so viele Eintrittskarten in alle neun Himmel daran zu haben, mit froher Zuversicht dahinschied. – Was helfen Trost- und

Beruhigungsgründe, über welchen beständig das Damoklesschwert der Enttäuschung schwebt! Die Wahrheit, mein Freund, die Wahrheit allein hält Stich, beharrt und bleibt treu: ihr Trost allein ist der solide: sie ist der unzerstörbare Diamant.

Demopheles. Ja, wenn ihr die Wahrheit in der Tasche hättet, um uns auf Verlangen damit zu beglücken. Aber was ihr habt sind eben nur metaphysische Systeme, an denen nichts gewiß ist, als das Kopfbrechen, welches sie kosten. Ehe man Einem etwas nimmt, muß man etwas Besseres an dessen Stelle zu geben haben.

Philaletes. Wenn ich nur Das nicht immer hören müßte! Einen von einem Irrthum befreien heißt nicht ihm etwas nehmen, sondern geben: denn die Erkenntniß, daß etwas falsch sei, ist eben eine Wahrheit. Kein Irrthum aber ist unschädlich; sondern jeder wird früher oder später Dem, der ihn hegt, Unheil bereiten. Darum betrüge man niemanden, gestehe lieber ein, nicht zu wissen, was man nicht weiß, und überlasse Jedem, sich seine Glaubenssätze selbst zu machen. Vielleicht werden sie so übel nicht ausfallen, zumal da sie sich an einander abreiben und gegenseitig rektificiren werden: jedenfalls wird die Mannigfaltigkeit der Ansichten Toleranz begründen. Die aber, denen Kenntnisse und Fähigkeit beiwohnen, mögen sich an das Studium der Philosophen machen, oder wohl gar selbst die Geschichte der Philosophie weiter führen.

Demopheles. Das würde etwas Schönes werden! Ein ganzes Volk naturalisirender, sich streitender und *eventualiter* prügelnder Metaphysiker!

Philaletes. Je nun, etwas Prügel, hin und wieder, sind die Würze des Lebens, oder wenigstens ein gar kleines Uebel, wenn verglichen mit Pfaffenherrschaft, Laienplünderung, Ketzerverfolgungen, Inquisitionsgerichten, Kreuzzügen, Religionskriegen, Bartholomäusnächten u.s.w. Das sind denn doch die Erfolge der oktroyirten Volksmetaphysik gewesen: daher bleibe ich dabei, daß vom Dornbusch keine Trauben und von Lug und Trug kein Heil zu erwarten steht.

Demopheles. Wie oft soll ich dir wiederholen, daß die Religion nichts weniger, als Lug und Trug, sondern die Wahrheit selbst, nur in mythisch-allegorischem Gewande ist? – Aber hinsichtlich deines Plans, daß Jeder sein eigener Religionsstifter seyn solle, hatte ich dir noch zu sagen, daß ein solcher Partikularismus ganz und gar der Natur des Menschen widerstreitet und eben daher alle gesellschaftliche Ordnung aufheben würde. Der Mensch ist ein *animal metaphysicum*, d.h. hat ein überwiegend starkes metaphysisches Bedürfniß: demnach faßt er das Leben vor Allem in seiner metaphysischen Bedeutung und will aus dieser Alles abgeleitet wissen. Daher ist, so seltsam es, bei der Ungewißheit aller Dogmen, klingt, die Uebereinstimmung in den metaphysischen Grundansichten für ihn die Hauptsache, dermaaßen, daß nur unter den hierin Gleichgesinnten ächte und dauernde Gemeinschaft möglich ist. In Folge hievon identificiren und scheiden die Völker sich viel mehr nach den Religionen, als nach den Regierungen, oder selbst nach den Sprachen. Demgemäß steht das Gebäude der Gesellschaft, der Staat, erst dann vollkommen fest, wann ein allgemein anerkanntes System der Metaphysik ihm zur Unterlage dient. Natürlich kann ein solches nur Volksmetaphysik, d.i. Religion, seyn. Dasselbe schmilzt aber dann mit der Staatsverfassung und allen gemeinschaftlichen Lebensäußerungen des Volkes, wie auch mit allen feierlichen Akten des Privatlebens, zusammen. So war es im alten Indien, so bei den Persern, den Aegyptern, den Juden, auch bei den Griechen und Römern, so ist es noch bei den Brahmanischen, Buddhaistischen und Mohammedanischen Völkern. In China sind zwar drei Glaubenslehren, von welchen gerade die am meisten verbreitete, der Buddhaismus, am wenigsten vom Staate gepflegt wird: jedoch lautet ein in China allgemein geltender und täglich gebrauchter Spruch so: »die drei Lehren sind nur Eine«, d.h. sie stimmen in der Hauptsache überein. Europa endlich ist der CHRISTLICHE Staatenbund: das Christenthum ist die Basis jeder seiner Glieder und das gemeinschaftliche Band aller; daher auch die Türkei, obgleich in Europa gelegen, eigentlich nicht dazu gerechnet wird. Dem entsprechend sind die Europäischen Fürsten es »von Gottes Gnaden« und ist der Papst der Statthalter Gottes, welcher demgemäß, als sein Ansehn am höchsten stand, alle Throne nur als von ihm verliehene Lehen betrachtet haben wollte: Dem entsprach auch, daß Erzbischöfe und Bischöfe als solche weltliche Herrschaft hatten, wie noch jetzt, in England, Sitz und Stimme im Oberhause. Protestantische Herrscher sind, als solche, Häupter ihrer Kirche: in England war dies, noch vor wenig Jahren, ein achtzehnjähriges Mädchen. Schon durch den Abfall vom Papste hat die Reformation das Europäische Staatengebäude erschüttert, besonders aber hat sie, durch Aufhebung der Glaubensgemeinschaft, die wahre Einheit Deutschlands aufgelöst, welche daher später, nachdem sie faktisch auseinandergefallen war, durch künstliche, bloß politische Bande wiederhergestellt werden mußte. Du siehst also, wie wesentlich der Glaube und seine Einheit mit der gesellschaftlichen Ordnung und jedem Staate zusammenhängt. Er ist überall die Stütze der Gesetze und der Verfassung, also die Grundlage des geselligen Gebäudes, das sogar schwerlich bestehn könnte, wenn nicht er der Auktorität der Regierung und dem Ansehn des Herrschers Nachdruck verliehe.

Philalethes. O ja, den Fürsten ist der Herrgott der Knecht Ruprecht, mit dem sie die großen Kinder zu Bette jagen, wenn nichts Anderes mehr helfen will; daher sie auch viel auf ihn halten. Inzwischen hat, seitdem die *ultima ratio theologorum*, der Scheiterhaufen, außer Gebrauch gekommen, dieses Mittel sehr an Wirksamkeit verloren. Denn, du weißt es, die Religionen sind wie die Leuchtwürmer: sie bedürfen der Dunkelheit um zu leuchten. Ein gewisser Grad allgemeiner Unwissenheit ist die Bedingung aller Religionen, ist das Element, in welchem allein sie leben können. Sobald hingegen Astronomie, Naturwissenschaft, Geologie, Geschichte, Länder- und Völkerkunde ihr Licht allgemein verbreiten und endlich gar die Philosophie zum Worte kommen darf; da muß jeder auf Wunder und Offenbarung gestützte Glaube untergehn; worauf dann die Philosophie seinen Platz einnimmt. In Europa brach, gegen das Ende des 15ten Jahrhunderts, mit der Ankunft gelehrter Neugriechen, jener Tag der Erkenntniß und Wissenschaft an, seine Sonne stieg immer höher, in dem so ergiebigen 16ten und 17ten Jahrhundert, und zerstreute die Nebel des Mittelalters. In gleichem Maaße mußte allmälig die Kirche und der Glaube sinken; daher im 18ten Jahrhundert Englische und Französische Philosophen sich schon direkt gegen dieselben erheben konnten, bis endlich, unter Friedrich dem Großen, KANT kam, der dem religiösen Glauben die bisherige Stütze der Philosophie entzog und die *ancilla theologiae* emancipirte, indem er die Sache mit deutscher Gründlichkeit und Gelassenheit angriff, wodurch sie eine weniger frivole, aber desto ernsthaftere Miene annahm. In Folge davon sehn wir im 19ten Jahrhundert das Christenthum sehr geschwächt dastehn, vom ernstlichen Glauben fast ganz verlassen, ja, schon um seine eigene Existenz kämpfend; während besorgliche Fürsten ihm durch künstlige Reizmittel aufzuhelfen suchen, wie der Arzt dem Sterbenden durch Moschus. Allein höre hier aus dem *Condorcet, des progrès de l'esprit humain*, eine Stelle, die zur Warnung unserer Zeit geschrieben zu seyn scheint: *le zèle religieux des philosophes et des grands n'était qu'une dévotion politique: et toute religion, qu'on se permet de défendre comme une croyance qu'il est utile de laisser au peuple, ne peut plus espérer qu'une agonie plus ou moins prolongée (ep. 5.)* – Im ganzen Verlaufe des beschriebenen Hergangs kannst du immer beobachten, daß Glauben und Wissen sich verhalten wie die zwei Schalen einer Waage: in dem Maaße, als die eine steigt, sinkt die andere. Ja, so empfindlich ist diese Waage, daß sie sogar momentane Einflüsse indicirt: als z.B., im Anfange dieses Jahrhunderts, die Raubzüge Französischer Horden, unter ihrem Anführer Buonaparte, und die große Anstrengung, welche nachher die Austreibung und Züchtigung dieses Raubgesindels erforderte, eine temporäre Vernachlässigung der Wissenschaften und dadurch eine gewisse Abnahme in der allgemeinen Verbreitung der Kenntnisse herbeigeführt hatte, fieng sogleich die Kirche wieder an, ihr Haupt zu erheben, und der Glaube zeigte sofort eine neue Belebung, die freilich, dem Zeitalter gemäß, zum Theil nur poetischer Natur war. Hingegen in dem darauf folgenden, mehr als dreißigjährigen Frieden hat Muße und Wohlstand den Anbau der Wissenschaften und die Verbreitung der Kenntnisse in seltenem Maaße befördert; wovon die Folge der besagte, Auflösung drohende Verfall der Religion ist. Vielleicht daß sogar der so oft prophezeite Zeitpunkt bald daseyn wird, wo diese von der Europäischen Menschheit scheidet, wie eine Amme, deren Pflege das Kind entwachsen ist, welches nunmehr der Belehrung des Hofmeisters zufällt. Denn ohne Zweifel sind bloße, auf Auktorität, Wunder und Offenbarung gestützte Glaubenslehren eine nur dem Kindesalter der Menschheit angemessene Aushülfe: daß aber ein Geschlecht, dessen ganze Dauer, nach übereinstimmender Anzeige aller physischen und historischen Data, bis jetzt nicht mehr beträgt, als ungefähr 100 Mal das Leben eines 60jährigen Mannes, noch in der ersten Kindheit sich befinde, wird Jeder zugeben.

Demopheles. O, wenn du doch, statt mit unverhohlenem Wohlgefallen den Untergang des Christenthums zu prophezeien, betrachten wolltest, wie unendlich viel die Europäische Menschheit dieser ihr, aus ihrer wahren alten Heimath, dem Orient, spät nachgefolgten Religion zu verdanken hat! Sie erhielt durch dieselbe eine ihr bis dahin fremde Tendenz, vermöge der Erkenntniß der Grundwahrheit, daß das Leben nicht Selbstzweck seyn könne, sondern der wahre Zweck unsers Daseyns jenseit desselben liege. Griechen und Römer nämlich hatten ihn durchaus IN das Leben selbst gesetzt, daher sie, in diesem Sinne, allerdings blinde Heiden heißen können. Demgemäß laufen auch alle ihre Tugenden auf das dem Gemeinwohl Dienliche, – das Nützliche, zurück, und Aristoteles sagt ganz naiv: »nothwendigerweise müssen DIE Tugenden die größten seyn, welche Andern die nützlichsten sind.« (αναγκη δε μεγιστας ειναι αρετας τας τοις αλλοις χρησιμωτατας. *Rhetor I, c. 9.)* Daher ist denn auch die Vaterlandsliebe die höchste Tugend bei den Alten, – wiewohl sie eigentlich eine gar zweideutige ist, indem Beschränktheit, Vorurtheil, Eitelkeit und wohlverstandener Eigennutz großen Antheil an ihr haben. Dicht vor der soeben angeführten Stelle zählt Aristoteles sämmtliche Tugenden auf, um sie sodann einzeln zu erläutern. Sie sind: Gerechtigkeit, Muth, Mäßigkeit, Splendidität (μεγαλοπρεπεια), Großmuth, Liberalität, Sanftmuth, Vernünftigkeit und Weisheit. Wie verschieden von den christlichen! Selbst Plato, der ohne Vergleich transscendenteste Philosoph des vorchristlichen Alterthums, kennt keine höhere Tugend als die Gerechtigkeit, welche sogar nur er allein unbedingt und ihrer selbst wegen empfiehlt; während bei allen ihren übrigen Philosophen das Ziel aller Tugend ein glückliches Leben, *vita beata*, ist und die Moral die Anleitung zu einem solchen. Von diesem platten und rohen Aufgehn in einem ephemeren, ungewissen und schaalen Daseyn befreite das Christenthum die Europäische Menschheit,

coelumque tueri
Jussit, et erectos ad sidera tollere vultus.

Demgemäß predigte das Christenthum nicht bloße Gerechtigkeit, sondern Menschenliebe, Mitleid, Wohlthätigkeit, Versöhnlichkeit, Feindesliebe, Geduld, Demuth, Entsagung, Glaube und Hoffnung. Ja, es gieng weiter: es lehrte, daß die Welt vom Uebel sei, und daß wir der Erlösung bedürften: demnach predigte es Weltverachtung, Selbstverleugnung, Keuschheit, Aufgeben des eigenen Willens, d.h. Abwendung vom Leben und dessen trügerischen Genüssen: ja, es lehrte die heiligende Kraft des Leidens erkennen und ein Marterinstrument ist das Symbol des Christenthums. – Ich gestehe dir gern zu, daß diese ernste und allein richtige Ansicht des Lebens, unter andern Formen, in ganz Asien schon Jahrtausende früher verbreitet war, wie sie es, unabhängig vom Christenthum, auch noch jetzt ist: aber für die Europäische Menschheit war dieselbe eine neue und große Offenbarung. Denn bekanntlich besteht die Bevölkerung Europa's aus verdrängten und verirrten, nach und nach eingetroffenen Asiatischen Stämmen, welchen, auf der weiten Wanderung, ihre heimathliche Urreligion und damit die richtige Lebensansicht verloren gegangen war; daher sie alsdann, im neuen Klima, sich eigene und ziemlich rohe Religionen bildeten, hauptsächlich die Druidische, die Odinische und die Griechische, deren metaphysischer Gehalt gering und gar seicht war. – Inzwischen entwickelte sich bei den Griechen ein ganz specieller, man möchte sagen instinktartiger, ihnen allein, unter allen Völkern der Erde, die je gewesen sind, eigener, feiner und richtiger Schönheitssinn: daher nahm, im Munde ihrer Dichter und unter den Händen ihrer Bildner, ihre Mythologie eine überaus schöne und ergötzliche Gestalt an. Hingegen die ernste, wahre und tiefe Bedeutung des Lebens war Griechen und Römern verloren gegangen: sie lebten dahin, wie große Kinder, bis das Christenthum kam und sie zum Ernst des Lebens zurückrief.

Philalethes. Und um den Erfolg zu beurtheilen, brauchen wir nur das Alterthum mit dem darauf folgenden Mittelalter zu vergleichen, etwan das Zeitalter des Perikles mit dem 13ten Jahrhundert. Kaum glaubt man in beiden die selbe Art von Wesen vor sich zu haben: dort die schönste Entfaltung der Humanität, vortreffliche Staatseinrichtungen, weise Gesetze, klug vertheilte Magistraturen, vernünftig geregelte Freiheit, sämmtliche Künste, nebst Poesie und Philosophie, auf ihrem Gipfel, Werke schaffend, die noch nach Jahrtausenden als unerreichte Muster, beinahe als Werke höherer Wesen, denen wir es nie gleichthun können, dastehn, und dabei das Leben durch die edelste Geselligkeit verschönert, wie das Gastmahl des Xenophon sie uns abschattet. Und nun sieh' hieher, wenn du es vermagst. – Siehe die Zeit, da die Kirche die Geister und die Gewalt die Leiber gefesselt hatte, damit Ritter und Pfaffen ihrem gemeinsamen Lastthiere, dem dritten Stande, die ganze Bürde des Lebens auflegen konnten. Da findest du Faustrecht, Feudalismus und Fanatismus in engem Bunde, und in ihrem Gefolge gräueliche Unwissenheit und Geistesfinsterniß, ihr entsprechende Intoleranz, Glaubenszwiste, Religionskriege, Kreuzzüge, Ketzerverfolgungen und Inquisitionen; als Form der Geselligkeit aber das aus Rohheit und Geckerei zusammengeflickte Ritterwesen, mit seinen pedantisch ausgebildeten und in ein System gebrachten Fratzen und Flausen, mit degradirendem Aberglauben und affenwürdiger Weiberveneration, von der ein noch vorhandener Rest, die Galanterie, mit wohlverdienter Weiberarroganz bezahlt wird und allen Asiaten dauernden Stoff zu einem Lachen giebt, in welches die Griechen miteingestimmt haben würden. Im goldenen Mittelalter freilich gieng das Ding bis zum förmlichen und methodischen Frauendienst, mit auferlegten Heldenthaten, *cours d'amour*, schwülstigem Troubadourgesang u. s. w.; wiewohl zu bemerken ist, daß diese letzteren Possen, die denn doch eine intellektuelle Seite haben, hauptsächlich in Frankreich zu Hause waren; während bei den materiellen und stumpfen Deutschen die Ritter mehr im Saufen und Rauben sich hervorthaten: Humpen und Raubschlösser waren ihre Sache; an den Höfen freilich fehlte es auch nicht an einiger faden Minnesängerei. Wodurch nun hatte die Scene so gewechselt? Durch Völkerwanderung und Christenthum.

Demopheles. Gut, daß du daran erinnerst. Die Völkerwanderung war die Quelle des Uebels und das Christenthum der Damm, an dem es sich brach. Eben für die durch die Fluth der Völkerwanderung herangeschwemmten, rohen, wilden Horden, wurde das Christenthum zunächst das Bändigungs- und Zähmungsmittel. Der rohe Mensch muß zuerst niederknien, Verehrung und Gehorsam erlernen: danach erst kann man ihn civilisiren. Dies leistete, wie in Irland St. Patricius, so in Deutschland Winfried der Sachs und ward ein wahrer Bonifacius. Die Völkerwanderung, dieses letzte Nachrücken asiatischer Stämme nach Europa, dem nur noch fruchtlose Versuche der Art, unter Attila, Dschengischan und Timur und, als komisches Nachspiel, die Zigeuner gefolgt sind, die Völkerwanderung war es, welche die Humanität des Alterthums weggeschwemmt hatte: das Christenthum aber war gerade das der Rohheit entgegenwirkende Princip; wie selbst noch späterhin, das ganze Mittelalter hindurch, die Kirche, mit ihrer Hierarchie, höchst nöthig war, der Rohheit und Barbarei der physischen Gewalthaber, der Fürsten und Ritter, Schranken zu setzen: sie wurde der Eisbrecher dieser mächtigen Schollen. Jedoch ist ja überhaupt der Zweck des Christenthums nicht sowohl, dieses Leben angenehm, als vielmehr uns eines bessern würdig zu machen: über diese Spanne Zeit, über diesen flüchtigen Traum, sieht es weg, um uns dem ewigen Heile zuzuführen. Seine Tendenz ist ethisch, im allerhöchsten, bis dahin in Europa nicht gekannten Sinne des Worts; wie ich dir ja schon, durch Zusammenstellung der Moral und Religion der Alten mit der christlichen, bemerklich gemacht habe.

PHILALETHES. Mit Recht, soweit es die Theorie betrifft: aber sieh die Praxis an. Unstreitig waren, im Vergleich mit den folgenden christlichen Jahrhunderten, die Alten weniger grausam, als das Mittelalter, mit seinen gesuchten Todesmartern und Scheiterhaufen ohne Zahl; ferner waren die Alten sehr duldsam, hielten besonders viel auf Gerechtigkeit, opferten sich häufig fürs Vaterland, zeigten edelmüthige Züge jeder Art und eine so ächte Humanität, daß, bis auf den heutigen Tag, die Bekanntschaft mit ihrem Thun und Denken Humanitätsstudium heißt. Religionskriege, Religionsmetzeleien, Kreuzzüge, Inquisition, nebst andern Ketzergerichten, Ausrottung der Urbevölkerung Amerika's und Einführung Afrikanischer Sklaven an ihre Stelle, – waren Früchte des Christenthums, und nichts ihnen Analoges, oder die Waage Haltendes, ist bei den Alten zu finden: denn die Sklaven der Alten, die *familia*, die *vernae*, ein zufriedenes, dem Herrn treu ergebenes Geschlecht, sind von den unglücksäligen, die Menschheit anklagenden Negern der Zuckerplantagen so weit verschieden, wie ihre beiderseitigen Farben. Die allerdings tadelnswerthe Toleranz der Päderastie, welche man hauptsächlich der Moral der Alten vorwirft, ist, gegen die angeführten christlichen Gräuel gehalten, eine Kleinigkeit, und ist solche auch bei den Neueren lange nicht in dem Maaße seltener geworden, als sie weniger zum Vorschein kommt. Kannst du, Alles wohlerwogen, behaupten, daß durch das Christenthum die Menschheit wirklich moralisch besser geworden sei?

Demopheles. Wenn der Erfolg nicht überall der Reinheit und Richtigkeit der Lehre entsprochen hat; so mag es daher kommen, daß diese Lehre zu edel, zu erhaben für die Menschheit gewesen ist, mithin dieser das Ziel zu hoch gesteckt war: der heidnischen Moral nachzukommen war freilich leichter; wie eben auch der mohammedanischen. Sodann steht überall gerade das Erhabenste am meisten dem Mißbrauch und Betruge offen: *abusus optimi pessimus:* daher haben denn auch jene hohen Lehren mitunter dem abscheulichsten Treiben und wahren Unthaten zum Vorwande gedient. – Der Untergang der alten Staatseinrichtungen aber, wie auch der Künste und Wissenschaften der alten Welt, ist, wie gesagt, dem Eindringen fremder Barbaren zuzuschreiben. Daß danach Unwissenheit und Rohheit die Oberhand gewannen und, als Folge hievon, Gewalt und Betrug sich der Herrschaft bemächtigten, so daß Ritter und Pfaffen auf der Menschheit lasteten, war unausbleiblich. Zum Theil ist es jedoch auch daraus erklärlich, daß die neue Religion statt des zeitlichen, das ewige Heil suchen lehrte, die Einfalt des Herzens dem Wissen des Kopfes vorzog, und allen weltlichen Genüssen, welchen ja auch die Wissenschaften und Künste dienen, abhold war. Soweit jedoch letztere sich der Religion dienstbar machten, wurden sie befördert und erlangten einen gewissen Flor.

Philalethes. In gar engem Bereich. Die Wissenschaften aber waren verdächtige Gesellen und wurden als solche in Schranken gehalten; hingegen die liebe Unwissenheit, dieses den Glaubenslehren so nothwendige Element, wurde sorgfältig gepflegt.

DEMOPHELES. Und doch wurde was die Menschheit bis dahin an Wissen sich erworben und in den Schriften der Alten niedergelegt hatte, allein durch die Geistlichkeit, zumal in den Klöstern, vom Untergange gerettet. O, wie wäre es, nach der Völkerwanderung, gekommen, wenn das Christenthum nicht kurz zuvor eingetreten wäre!

PHILALETHES. Es würde wirklich eine höchst nützliche Untersuchung seyn, wenn man ein Mal, mit größter Unbefangenheit und Kälte, die durch die Religionen erlangten Vortheile und die durch dieselben herbeigeführten Nachtheile unpartheiisch, genau und richtig gegen einander abzuwägen versuchte. Dazu bedarf es freilich einer viel größeren Menge historischer und psychologischer Data, als uns Beiden zu Gebote stehn. Akademieen könnten es zum Gegenstand einer Preisfrage machen.

DEMOPHELES. Werden sich hüten.

PHILALETHES. Mich wundert, daß du das sagst: denn es ist ein schlimmes Zeichen für die Religionen. Uebrigens aber giebt es ja auch Akademien, bei deren Fragen die stillschweigende Bedingung ist, daß den Preis erhält wer am besten ihnen nach dem Maule zu reden versteht. – Wenn nur zunächst ein Statistiker uns angeben könnte, wie viele Verbrechen alljährlich aus religiösen Motiven unterbleiben, und wie viele aus andern. Der Ersteren werden gar wenige seyn.

Denn, wenn Einer sich versucht fühlt, ein Verbrechen zu begehn, da ist zuverlässig das Erste was sich dem Gedanken daran entgegenstellt, die darauf gesetzte Strafe und die Wahrscheinlichkeit von ihr erreicht zu werden; danach aber kommt, als das Zweite, die Gefahr für seine Ehre in Betracht. An diesen beiden Anstößen wird er, wenn ich nicht irre, Stunden lang ruminiren, ehe ihm die religiösen Rücksichten auch nur einfallen. Ist er aber über jene beiden ersten Schutzwehren gegen das Verbrechen hinweggekommen; so glaube ich, daß höchst selten die Religion ALLEIN ihn noch abhalten wird.

DEMOPHELES. Ich aber glaube, daß sie es recht oft wird; zumal wenn ihr Einfluß schon durch das Medium der Gewohnheit wirkt, so daß der Mensch vor großen Uebelthaten sogleich zurückbebt. Der frühe Eindruck haftet. Bedenke, zur Erläuterung, wie Viele, namentlich vom Adel, ihr gegebenes Versprechen oft mit schweren Opfern erfüllen, ganz allein dadurch bestimmt, daß in der Kindheit ihnen der Vater, mit ernster Miene, oft vorgesagt hat: »ein Mann von Ehre, – oder, ein *gentleman*, – oder, ein Kavalier, – hält stets und unverbrüchlich sein Wort.«

PHILALETHES. Ohne eine gewisse angeborene *probitas* wirkt auch das nicht. Du darfst überhaupt nicht der Religion zuschreiben, was Folge der angeborenen Güte des Charakters ist, vermöge welcher sein Mitleid mit Dem, den das

Verbrechen treffen würde, ihn davon abhält. Dies ist das ächte moralische Motiv und als solches von allen Religionen unabhängig.

Demopheles. Selbst dieses aber wirkt bei dem großen Haufen selten ohne Einkleidung in religiöse Motive, durch die es jedenfalls verstärkt wird. Jedoch auch ohne solche natürliche Unterlage verhüten oft die religiösen Motive für sich allein die Verbrechen: auch darf Dies uns beim Volke nicht wundern, wenn wir ja sehn, daß sogar Leute von hoher Bildung bisweilen unter dem Einfluß, nicht etwan religiöser Motive, denen doch immer die Wahrheit wenigstens allegorisch zum Grunde liegt, sondern selbst des absurdesten Aberglaubens stehn und ihr Leben lang sich von ihm lenken lassen, z. B. Freitags nichts unternehmen, nicht zu Dreizehn am Tische sitzen, zufälligen *ominibus* gehorchen, u. dgl. m., wie viel mehr das Volk. Du vermagst nur nicht genugsam, dich in die große Beschränktheit roher Geister hineinzudenken: es sieht darin gar finster aus, zumal wenn, wie nur zu oft, ein schlechtes, ungerechtes, boshaftes Herz die Grundlage bildet. Dergleichen Menschen, welche die Masse des Geschlechts ausmachen, muß man einstweilen lenken und bändigen, wie man kann, und geschähe es durch wirklich superstitiose Motive, bis sie für richtigere und bessere empfänglich werden. Von der direkten Wirkung der Religion zeugt aber z. B., daß gar oft, namentlich in Italien, ein Dieb das Gestohlene durch seinen Beichtvater zurückstellen läßt; weil nämlich dieser solches zur Bedingung der Absolution macht. Sodann denke an den Eid, bei welchem ja die Religion den entschiedensten Einfluß zeigt; sei es nun, weil dabei der Mensch sich ausdrücklich auf den Standpunkt eines bloß MORALISCHEN WESENS gestellt und als solches feierlich angerufen sieht, – so scheint man es in Frankreich zu nehmen, wo die Eidesformel bloß ist *je le jure*, und eben so nimmt man es mit den Quäkern, indem man ihr feierliches Ja, oder Nein, statt des Eides gelten läßt; – oder sei es, daß er wirklich an die Verwirkung seiner ewigen Seeligkeit glaubt, die er dabei ausspricht, – welcher Glaube auch dann wohl nur die Einkleidung des ersteren Gefühls ist. Jedenfalls aber sind die religiösen Vorstellungen das Mittel, seine moralische Natur zu wecken und hervorzurufen. Wie oft sind nicht zugeschobene falsche Eide zuerst angenommen, aber, wenn es zur Sache kam, plötzlich verweigert worden; wodurch dann Wahrheit und Recht den Sieg erlangten.

PHILALETHES. Und noch öfter sind falsche Eide wirklich geschworen worden, wodurch Wahrheit und Recht, bei deutlicher Mitwissenheit aller Zeugen des Akts, mit Füßen getreten wurden. Der Eid ist die metaphysische Eselsbrücke der Juristen: sie sollten sie so selten, als irgend möglich, betreten. Wenn es aber unvermeidlich ist, da sollte es mit größter Feierlichkeit, nie ohne Gegenwart des Geistlichen, ja, sogar in der Kirche, oder in einer dem Gerichtshofe beigegebenen Kapelle, geschehn. In höchst verdächtigen Fällen ist es zweckmäßig, sogar die Schuljugend dabei gegenwärtig seyn zu lassen. Die Französische abstrakte Eidesformel taugt, eben darum, gar nichts: das Abstrahiren vom gegebenen Positiven sollte dem eigenen Gedankengange eines Jeden, dem Grade seiner Bildung gemäß, überlassen bleiben. – Inzwischen hast du Recht, den Eid als unleugbares Beispiel praktischer Wirksamkeit der Religion anzuführen. Daß jedoch diese auch außerdem weit reicht, muß ich, trotz Allem was du gesagt hast, bezweifeln. Denke dir ein Mal, es würden jetzt plötzlich, durch öffentliche Proklamation, alle Kriminalgesetze für aufgehoben erklärt; so glaube ich, daß weder du noch ich den Muth hätten, unter dem Schutz der religiösen Motive, auch nur von hier allein nach Hause zu gehn. Würde hingegen, auf gleiche Weise, alle Religion für unwahr erklärt; so würden wir, unter dem Schutze der Gesetze allein, ohne sonderliche Vermehrung unsrer Besorgnisse und Vorsichtsmaaßregeln, nach wie vor leben. – Aber ich will dir mehr sagen: die Religionen haben sehr häufig einen entschieden demoralisirenden Einfluß. In jeder Religion nämlich kommt es bald dahin, daß für die nächsten Gegenstände des göttlichen Willens nicht sowohl moralische Handlungen, als Glaube, Tempelceremonien und Latreia mancherlei Art ausgegeben werden; ja, allmälig werden die Letzteren, zumal wann sie mit Emolumenten der Priester verknüpft sind, auch als Surrogate der Ersteren betrachtet: Thieropfer im Tempel, oder Messelesenlassen, oder Errichtung von Kapellen, oder Kreuzen am Wege, sind bald die verdienstlichsten Werke, so daß selbst grobe Verbrechen durch sie gesühnt werden, wie auch durch Buße, Unterwerfung der Priesterauktorität, Beichte, Pilgerfahrten, Donationen an die Tempel und ihre Priester, Klosterbauten u. dgl. m., so daß zuletzt die Priester fast nur noch als die Vermittler des Handels mit bestechlichen Göttern erscheinen. Und wenn es auch so weit nicht kommt; wo ist die Religion, deren Bekenner nicht wenigstens Gebete und mancherlei Andachtsübungen für einen wenigstens theilweisen Ersatz des moralischen Wandels halten? Sieh' z.B. nach England, wo dreister Pfaffentrug den, von Konstantin dem Großen, in Opposition zum Judensabbath, eingesetzten christlichen Sonntag dennoch mit jenem, sogar dem Namen nach, identifizirt, um Jehova's Satzungen für den Sabbath, d.h. den Tag, da die von sechstägiger Arbeit ermüdete Allmacht sich ausruhen mußte, auf den Sonntag der Christen, diesen Tag der Andacht und Freude, zu übertragen und wo demnach das *sabbathbreaking*, oder *the desacration of the Sabbath*, d. h. jede, auch die leichteste, nützliche, oder angenehme Beschäftigung, jedes Spiel, jede Musik, jeder Strickstrumpf, jedes weltliche Buch, am Sonntage, den schweren Sünden beigezählt wird. Muß da nicht der gemeine Mann glauben, daß, wenn er nur allezeit, wie ihm seine geistlichen Lenker vorsagen, *a strict observance of the holy sabbath, and a regular attendance on divine service* beobachtet, d. h. wenn er nur am Sonntage unverbrüchlich, recht gründlich faulenzt und nicht verfehlt, zwei Stunden in der Kirche zu sitzen, um dieselbe Litanei zum tausendsten Male anzuhören und *a tempo* mitzuplappern, – er dafür wohl anderweitig auf Nachsicht mit Diesem und Jenem, was er sich gelegentlich erlaubt, rechnen darf? – Der demoralisirende Einfluß der Religionen ist also weniger problematisch, als der moralisirende. Wie groß und gewiß müßte hingegen nicht dieser seyn, um einen Ersatz zu bieten für die Gräuel, welche die Religionen, namentlich die Christliche und Mohammedanische, hervorgerufen und den Jammer, welchen sie über die Welt gebracht haben! Denke an den Fanatismus, an die endlosen Verfolgungen, an die Religionskriege, an die Kreuzzüge, die ein zweihundertjähriges, ganz unverantwortliches Gemetzel, mit dem Feldgeschrei »Gott will es«, waren, um das Grab Dessen, der Liebe und Duldung gepredigt hat, zu erobern; denke an die Bluthochzeiten, an die Inquisitionen, und andern Ketzergerichte, nicht weniger an die blutigen und großen Eroberungen der Mohammedaner in drei Welttheilen; dann aber auch an die der Christen in Amerika, dessen Bewohner sie größtentheils, auf Kuba sogar gänzlich, ausgerottet und, nach Las Casas, binnen 40 Jahren, zwölf Millionen Menschen gemordet haben, versteht sich Alles *in majorem Dei gloriam* und zum Behuf der Verbreitung des Evangeliums und weil überdies was nicht Christ war auch nicht als Mensch angesehn wurde. Zwar habe ich diese Dinge schon vorhin berührt: aber wenn noch in unsern Tagen »Neueste Nachrichten aus dem Reiche Gottes« (Zeitschrift, welche über die Leistungen der Missionen berichtet) gedruckt werden, wollen auch wir nicht müde werden, diese älteren Nachrichten in Erinnerung zu bringen. Besonders laß uns Indien nicht vergessen, diesen heiligen Boden, diese Wiege des Menschengeschlechts, wenigstens der Rasse, welcher wir angehören, woselbst zuerst Mohammedaner und nachher Christen auf das Gräuelichste gegen die Anhänger des heiligen Urglaubens der Menschheit gewüthet haben und die ewig beklagenswerthe, muthwillige und grausame Zerstörung und Verunstaltung urältester Tempel und Götterbilder noch jetzt die Spuren des monotheistischen Wüthens der Mohammedaner uns vorhält, wie es von Mahmud dem Ghazneviden, verfluchten Andenkens, an, bis zum Aureng-

Zeb, dem Brudermörder, herab, betrieben wurde, welchen nachher es gleich zu thun die portugiesischen Christen sich treulich bemüht haben, sowohl durch Tempelzerstörungen als durch Autos de Fe der Inquisition zu Goa. Auch das auserwählte Volk Gottes laß uns nicht vergessen, welches, nachdem es, in Aegypten, auf Jehova's ausdrücklichen Special-Befehl, seinen alten, zutrauensvollen Freunden die dargeliehenen goldenen und silbernen Gefäße gestohlen hatte, nunmehr, den Mörder Moses an der Spitze, seinen Raubzug ins gelobte Land antrat, um, auf desselben Jehova's Befehl, unter Rauben und Morden, es den rechtmäßigen Besitzern zu entreißen, – weil sie eben nicht beschnitten waren und den Jehova nicht kannten, welches Grund genug war, alle Gräuel gegen sie zu rechtfertigen; wie ja, aus demselben Grunde, auch früher die infame Schurkerei des Patriarchen Jakob und seiner Auserwählten gegen Hemor, den König von Salem und sein Volk uns (1. Mos. 34) ganz glorreich erzählt wird, weil ja eben die Leute Ungläubige waren. Wahrlich Dies ist die schlimmste Seite der Religionen, daß die Gläubigen einer jeden gegen die aller andern sich Alles erlaubt halten und daher mit der äußersten Ruchlosigkeit und Grausamkeit gegen sie verfahren: so die Mohammedaner gegen Christen und Hindu; die Christen gegen Hindu, Mohammedaner, amerikanische Völker, Neger, Juden,

Ketzer u.s.f. Doch gehe ich vielleicht zu weit, wenn ich sage ALLE Religionen: denn, zur Steuer der Wahrheit muß ich hinzufügen, daß die aus diesem Grundsatz entsprungenen fanatischen Gräuel uns eigentlich doch nur von den Anhängern der monotheistischen Religionen, also allein des Judenthums und seiner zwei Verzweigungen, Christenthum und Islam, bekannt sind. Von Hindu und Buddhaisten wird Dergleichen uns nicht berichtet. Obwohl wir nämlich wissen, daß der Buddhaismus, etwan im 5ten Jahrhundert unsrer Zeitrechnung, aus seiner ursprünglichen Heimath, der vordersten Halbinsel Indiens, von den Brahmanen vertrieben worden ist, wonach er sich über ganz Asien ausgebreitet hat; so haben wir doch, meines Wissens, keine bestimmte Kunde von Gewaltthätigkeiten, Kriegen und Grausamkeiten, durch die es geschehn wäre. Allerdings mag Dies der Dunkelheit zuzuschreiben seyn, in welche die Geschichte jener Länder gehüllt ist: doch läßt der überaus milde Charakter jener, Schonung alles LEBENDEN unaufhörlich einprägenden Religionen, wie auch der Umstand, daß der Brahmanismus, wegen des Kastenwesens, eigentlich keine Proselyten zuläßt, uns hoffen, daß ihre Anhänger von Blutvergießen im Großen und Grausamkeiten jeder Art sich frei gehalten haben. – Auf die Hauptsache zurückzukommen; so hast du gewiß Recht, das starke metaphysische Bedürfniß des

Menschen zu urgiren: aber die Religionen scheinen mir nicht sowohl die Befriedigung, als der Mißbrauch desselben zu seyn. Wenigstens haben wir gesehn, daß in Hinsicht auf Beförderung der Moralität ihr Nutzen großentheils problematisch ist, ihre Nachtheile hingegen und zumal die Gräuelthaten, welche in ihrem Gefolge sich eingestellt haben, am Tage liegen. Anders freilich stellt sich die Sache, wenn wir den Nutzen der Religionen als Stützen der Throne in Erwägung ziehen: denn sofern diese von Gottes Gnaden verliehen sind, stehn Altar und Thron in genauer Verwandtschaft. Auch wird demnach jeder weise Fürst, der seinen Thron und seine Familie liebt, stets als ein Muster wahrer Religiosität seinem Volke vorangehn; wie denn auch sogar Macchiavelli den Fürsten die Religiosität dringend anempfiehlt, im 18ten Kapitel. Ueberdies könnte man anführen, daß die geoffenbarten Religionen zur Philosophie sich gerade so verhielten, wie die Souveräne von Gottes Gnaden zur Souveränität des Volkes; weshalb denn die beiden vordern Glieder dieser Gleichung in natürlicher Allianz ständen.

Demopheles. O, nur diesen Ton stimme nicht an! Sondern bedenke, daß du damit in das Horn der Ochlokratie und Anarchie stoßen würdest, des Erzfeindes aller gesetzlichen Ordnung, aller Civilisation und aller Humanität.

Philalethes. Du hast Recht. Es waren eben

Sophismen, oder was die Fechtmeister Sauhiebe nennen. Ich nehme es also zurück. Aber sieh, wie doch das Disputiren mitunter auch den Redlichen ungerecht und boshaft machen kann. Laß uns also abbrechen.

DEMOPHELES. Zwar muß ich, nach aller angewandten Mühe, bedauern, deine Stimmung in Hinsicht auf die Religionen nicht geändert zu haben: dagegen aber kann auch ich dich versichern, daß Alles, was du vorgebracht hast, meine Ueberzeugung vom hohen Werth und der Nothwendigkeit derselben durchaus nicht erschüttert hat.

PHILALETHES. Das glaube ich dir:

A man convinc'd against his will
Is of the same opinion still.
(Wer überzeugt wird wider Willen
Bleibt seiner Meinung doch im Stillen.)

Aber ich tröste mich damit, daß bei Kontroversen und Mineralbädern die Nachwirkung erst die eigentliche ist.

DEMOPHELES. So wünsche ich dir eine gesegnete Nachwirkung.

PHILALETHES. Könnte sich vielleicht einstellen, wenn mir nur nicht wieder ein spanisches Sprichwort auf dem Magen läge.

DEMOPHELES. Und das lautet?

PHILALETHES. *Detras de la cruz está el Diablo.*

DEMOPHELES. Zu deutsch, Spaniard!

PHILALETHES. Aufzuwarten! – »Hinterm Kreuze steht der Teufel.«

FRIEDRICH DER GROSSE

Über das Abendmahl

Es stimmt, daß die Christen grobschlächtige Plagiatoren von Fabeln waren, die vor ihnen erfunden worden sind. Die Heiligen Jungfrauen verzeihe ich ihnen ja noch, haben doch die Maler etliche wunderschöne Gemälde geschaffen; aber Sie werden mir gewiß zugeben, daß weder das Altertum noch gleich welche Nation eine widerwärtigere und gotteslästerlichere Absurdität ersonnen hat als die, den eigenen Gott zu verspeisen. Das ist das abstoßendste Dogma der christlichen Religion, die größte Beleidigung des Höchsten Wesens, der Gipfel des Wahnsinns und der Tollheit. Zugegeben, die Heiden ließen ihre Götter recht lächerliche Rollen spielen, indem sie ihnen alle menschlichen Leidenschaften und Schwächen andichteten. Die Inder schrieben ihrem Sommona-Codom dreißig Verkörperungen zu; je nach Bedarf. Aber dennoch, alle diese Völker verspeisten nicht den Gegenstand ihrer Anbetung. Es wäre den Ägyptern nicht gestattet gewesen, ihren Gott Apis hinunterzuschlingen. Aber solcherweise behandeln die Christen den alleinigen Schöpfer des Universums.

Deutsch von Hans Pleschinski

PERCY BYSSHE SHELLEY

Die Notwendigkeit des Atheismus

Zur gefälligen Beachtung. Weil die Wahrheitsliebe der einzige Beweggrund ist, der den Autor dieses kleinen Traktates antreibt, so ersucht er dringlich jene unter seinen Lesern, die vielleicht einen Mangel in seiner Beweisführung entdecken oder sich im Besitz von Beweisen befinden, die seinem Verstand nicht zugänglich waren, sie mögen diese, nebst ihren Einwänden dem Publikum vorlegen und zwar so knapp, methodisch und offen wie er sich dies erlaubt hat. Aus Mangel an Beweisen,

Ein Atheist.

Die genaue Prüfung der Gültigkeit der zur Stützung irgendeiner Behauptung beigebrachten Beweise, hat von jeher als der einzig sichere Weg gegolten, zur Wahrheit zu gelangen, über deren Vorteile man sich nicht erst weitläufig verbreiten muß; unsere Erkenntnis über die Existenz einer Gottheit ist ein so wichtiger Gegenstand, daß er gar nicht minutiös genug untersucht werden kann; in Folge dieser Überzeugung schreiten wir unverzüglich und unparteiisch zur Prüfung der beigebrachten Beweise. Zuerst jedoch muß das Wesen des Glaubens erörtert werden.

Wird dem Verstand eine Behauptung vorgelegt, so apperzipiert er die Stimmigkeit oder Unstimmigkeit der Ideen, woraus jene zusammengesetzt ist. Die Apperzeption ihrer Stimmigkeit bezeichnet man als Glauben; zahlreiche

Hemmnisse verhindern oftmals die unmittelbare Apperzeption; der Verstand versucht, jene zu beseitigen, damit die Apperzeption klar erfolge. Der Verstand ist an der Untersuchung aktiv beteiligt, um die Beschaffenheit der Apperzeption zu vervollkommnen, welche passiv ist; die Verwechslung von Untersuchung und Apperzeption hat viele fälschlich zu der Annahme verleitet, der Verstand sei am Glauben aktiv beteiligt, Glauben sei ein Akt des Willens und könne folglich vom Verstand reguliert werden; in weiterer Verfolgung dieses Irrtums haben sie dem Unglauben einen Grad an Strafwürdigkeit zugemessen, wozu er seinem Wesen nach unfähig ist; ebenso wie zum Verdienst.

Die Stärke des Glaubens steht wie bei jeder anderen Gemütsbewegung im Verhältnis zur Stufe der Erregung.

Es gibt drei Stufen der Erregung.

Die Sinne sind die Quelle für alles Verstandeswissen, folglich fordert ihr Zeugnis die größte Billigung.

Dem Verstandesurteil, das auf unserer eigenen, jener Quelle entstammenden Erfahrung gründet, kommt die nächste Stufe zu.

Die Erfahrung anderer, welche sich an die erstere wendet, nimmt die unterste Stufe ein.

Folglich kann kein Zeugnis zugelassen werden, das der Vernunft widerspricht; die Vernunft gründet auf dem Zeugnis unserer Sinne.

Jeder Beweis kann einer dieser drei Klassen zugewiesen werden; dies veranlaßt uns naturgemäß zur Betrachtung der Argumente, die uns eine jede davon liefert, um uns von der Existenz einer Gottheit zu überzeugen.

1. Das Zeugnis unserer Sinne. – Sollte uns die Gottheit erscheinen, sollte sie unsere Sinne von ihrer Existenz überzeugen, so würde diese Offenbarung notwendig Glauben gebieten; – Diejenigen, denen die Gottheit so erschienen ist, haben die denkbar stärkste Überzeugung von ihrer Existenz.

Die Vernunft beansprucht den 2. Platz; es wird vorgebracht, daß der Mensch weiß, daß alles, was existiert, entweder einen Anfang gehabt haben muß oder von aller Ewigkeit an existiert hat; er weiß ebenso, daß alles, was nicht ewig ist, eine Ursache gehabt haben muß. – Wendet man dies auf die Existenz des Universums an, so muß der Beweis erbracht werden, daß es erschaffen wurde; so lange, bis dies eindeutig dargetan ist, dürfen wir vermuten, daß es von aller Ewigkeit an existiert hat. – In einem Fall, wo zwei Behauptungen einander diametral widersprechen, glaubt der Verstand diejenige, welche weniger unbegreiflich ist; es ist leichter anzunehmen, daß das Universum von aller Ewigkeit an existiert hat, als sich ein Wesen vorzustellen, das fähig ist, es zu erschaffen; drückt den Verstand schon das Gewicht der einen Behauptung nieder, ist es da eine Erleichterung, die Unerträglichkeit der Last noch zu vergrößern? – Das andere Argument, welches auf dem Wissen des Menschen von seiner eigenen Existenz beruht, lautet wie folgt. – – – Der Mensch weiß nicht nur, daß er jetzt ist, sondern daß es auch eine Zeit gab, wo er nicht existierte; folglich muß es eine Ursache gegeben haben. – – – Doch was beweist das? aus Wirkungen können wir nur solche Ursachen herleiten, die jenen Wirkungen exakt entsprechen; – – – Es gibt nun allerdings eine zeugende Kraft, die durch bestimmte Instrumente wirksam wird; wir können nicht beweisen, daß sie diesen Instrumenten inhärent ist, ebensowenig läßt sich die entgegengesetzte Hypothese demonstrieren; wir räumen ein, daß die zeugende Kraft unbegreiflich ist, aber die Annahme, daß die besagte Wirkung von einem ewigen, allwissenden, allmächtigen Wesen hervorgebracht wird, läßt die Sache nicht nur im Dunkeln, sondern macht sie noch unbegreiflicher.

Die 3. und letzte Stufe bildet das Testimonium – – – dieses darf notwendig der Vernunft nicht widersprechen. – Das Testimonium, die Gottheit habe die Sinne von Menschen von ihrer Existenz überzeugt, können wir nur gelten lassen, wenn es unser Verstand für weniger wahrscheinlich erachtet, daß diese Menschen sich getäuscht haben, als daß die Gottheit ihnen erschienen ist – – – unsere Vernunft kann niemals das Testimonium von Menschen gelten lassen, die nicht nur behaupten, Augenzeugen von Wundern gewesen zu sein, sondern auch, die Gottheit sei vernunftlos, indem daß sie den Glauben an sie geboten, höchste Belohnung für Glauben und ewige Bestrafung für Unglauben verkündet habe – – – wir können nur über Willensakte gebieten, Glauben ist kein Akt des Willens, der Verstand bleibt sogar passiv, daraus ist evident, daß wir kein hinreichendes Testimonium besitzen, oder vielmehr, daß ein Testimonium nicht hinreicht, um die Existenz eines Gottes zu beweisen; wir haben zuvor gezeigt, daß sie sich aus der Vernunft nicht deduzieren läßt, – – – nur diejenigen, welche durch das Zeugnis ihrer Sinne überzeugt wurden, nur sie können daran glauben.

Da keine der drei Überzeugungsquellen Beweise liefert, ist also evident: der Verstand *kann nicht* an die Existenz eines Gottes glauben; es ist ebenso evident, daß, weil Glauben eine Gemütsbewegung ist, dem Unglauben kein Grad an Strafwürdigkeit zugemessen werden kann; nur die sind tadelnswert, die es willentlich verabsäumen, das falsche Medium zu beseitigen, wodurch ihr Verstand den Gegenstand betrachtet.

Die Feststellung erübrigt sich beinahe, daß die allgemeine Kenntnis von der Unzulänglichkeit solcher Beweise der Gesellschaft nicht nachteilig sein kann: Die Wahrheit hat stets das Interesse der Menschheit befördert. – – – Jeder Denkende muß zugeben, daß es keinen Beweis für die Existenz einer Gottheit gibt. Q. E. D.

Deutsch von Michael Walter

GEORGE HENRY BORROW

Der Grund Gottes

»Gott heißt bei uns *dewel*, Bruder.«
»Das klingt ja wie Teufel.«
»Freilich, Bruder, freilich.«
»Und wie heißt bei euch *divinus*, göttlich?«
»Ach, da sagen wir *dewleskero*.«
»Mir fällt da etwas ein, Jasper.«
»Was ist dir eingefallen, Bruder?«
»Wäre es nicht seltsam, wenn *divinus*
und teuflisch ursprünglich ein und
dasselbe Wort gewesen wären?«
»Freilich, Bruder, freilich.«

Deutsch von Fritz Güttinger

FRITZ MAUTHNER

Gott

I.

»Wenn Gott nicht existierte, man müßte ihn erfinden.« So wird oft gesagt. Man müßte? Soll heißen: man sollte. Aus höchsten moralischen Gründen. Aus Gründen der Moral, die auf Befehle des existierenden oder erfundenen Gottes zurückgeht. Wirklich mußte man ihn erfinden. Aber nicht, weil man sollte, sondern nach der Natur der Menschen und ihrer Sprache. Man mußte Gott erfinden heißt also: man hat ihn erfunden, notwendig. Der Sinn des berühmten Satzes ist also: weil Gott nicht existiert, darum haben ihn die Menschen nach ihrer Natur erfunden.

Gott, der Gott unsres Wörtervorrats, der einige oder einzige Gott des christlichen Abendlandes, ist nicht als ein Allgemeinbegriff der vorgestellten Wesen zu fassen, die bei den Heiden Götter hießen. Die Götter waren nach dem Bilde des Menschen gedacht. (Nicht erst Feuerbach hat diesen parodistischen Gedanken ausgesprochen; ich finde ihn schon in der *Götterlehre* von K. Ph. Moritz [3. Ausg. S. 22]: »Den Göttern selber konnte die Phantasie keine höhere Bildung als die Menschenbildung beilegen.«) So waren sie wenigstens Bilder, Bilder einer reichen, jungen, schönen Phantasie. Der einige Gott ist ein Wort bloß, ein mühsam konstruiertes Wort, ohne Bild, seinen Inhalt darzustellen. Alle Versuche, diesen Gottvater bildhaft zu sehen, sind heidnisch. Der Protestantismus mit seiner Bilderstürmerei ist nur konsequent gewesen.

Will man diesen abstrusen Gottesbegriff zur Vergleichung mit andern Begriffen zusammenstellen, so ergibt sich die Schwierigkeit: Worte von ähnlicher Nonsensität und doch ähnlicher historischer Macht aufzufinden.

Der Stein der Weisen war nie, und dennoch wurden ihm Wunderkräfte beigelegt. Aber der Stein der Weisen war nicht nur Menschenglaube, sondern auch sonst, real, so wie er von einem Betrüger hergestellt und verkauft wurde, Menschenwerk.

Ich vergleiche den Gott lieber mit dem Phlogiston der Chemie. Gegen hundert Jahre, vom Ende des 17. bis zum Ende des 18. Jahrhunderts, haben die Theologen der Chemie und mit ihnen die Welt an dieses Wort geglaubt, das die Verbrennung der Körper, also die Wärme, also die Herkunft der wichtigsten irdischen Kraft erklären sollte. Heute wissen wir: Bleioxyd ist Blei und noch etwas, Pb + O. Damals lehrte man, gegen den Augenschein – da man das höhere Gewicht des Bleioxyds schon beobachtet hatte –: Blei ist Bleikalk und noch etwas, Blei ist Bleikalk (Bleioxyd) + Phlogiston. Etwas, was gar nicht auf der Welt war, sollte die Ursache dessen sein, was da war. Wie Phlogiston in alle Metalle hineingedacht wurde, so der Gott in alle Geschehnisse: der Zufall wird zur Geschichte durch Gottes Vorsehung, Rache am Verbrecher wird zur Strafe durch Gottes Gerechtigkeit, die Aussage wird zum Eide durch Gottes Anrufung.

Der berüchtigte ontologische Beweis für das Dasein Gottes ist nur ein Fall unter vielen; die Gewohnheit der Menschen, Scheinbegriffe zu gebrauchen, läßt deren Existenz mitvorstellen. Das hat schon Oldenburg in einem Briefe an Spinoza (III, vom 27. Sept. 1661) hübsch ausgesprochen: »Glauben Sie, klar und zweifellos aus Ihrer eigenen Definition von Gott beweisen zu können, daß ein solches Ens existiere? Ich freilich denke, daß Definitionen einzig und allein Begriffe unseres Kopfes enthalten; daß aber unser Kopf vieles begreift, was nicht existiert, und äußerst fruchtbar ist in der Vermehrung und Steigerung der einmal begriffenen Dinge: also kann ich nicht einsehen, wie ich von meinem Gottesbegriff zur Existenz Gottes kommen soll.«

Die ehrenwerte Bemühung des Deismus, auf seine Weise dem Ruhebedürfnisse der Menschheit zu dienen und den regressus in infinitum zu vermeiden, hat zur Anerkennung eines Gottes geführt, mit dem das freie Denken auskommen zu können glaubte. Gott ist die Antwort auf die schönste und kindlichste Frage, auf das ewige

Warum und das Warum des Warum. Gott ist also die letzte Ursache. Nur daß Subjekt und Prädikat dieses Urteils gleicherweise Anthropomorphismen sind. Der Gottesbegriff ist freilich auch in der fetischbildenden Volksvorstellung eine Antwort auf die alte kindliche Frage, aber dieser alte Gott ist nach dem Bilde des Menschen geschaffen. Und Hume hat die kühnste Lehre zu erweisen versucht, daß nämlich auch der Ursachbegriff eine Art Personifikation der Zeitfolge ist. Ich weiß nicht, was bei solchen Vorstellungen noch von dem deistischen Urteile übrig bleibt: Gott sei die letzte Ursache.

II.

»Man hat denjenigen für einen Erzprahler zu halten, der da sagt, er wisse, wo alle unsere Wörter herkommen.« Dieser besonnene Satz des alten Frisch sollte vor jeder etymologischen Untersuchung beachtet werden. Auch unsere Zeit, die in der Etymologie wieder einmal zu einem Gipfel gelangt ist, prahlt, wenn sie ihre etymologischen Hypothesen mit Sicherheit aufstellt. Ich will ganz bescheiden eine kleine Vermutung über die Herkunft der Wörter *Götze* und *Gott* mitteilen.

Unsere Fachgelehrten haben sich nicht geeinigt. Es lag immer nahe, das Wort *Götze* als ein verächtliches Diminutiv von *Gott* aufzufassen und es mit *Deunculus* aus dem mittleren Latein zu vergleichen, das aber bei Du Cange nicht zu finden ist. Schon Frisch und nach ihm Adelung leiteten *Götze* von *gießen*, ahd. *giozan* ab; das Wort sollte ein gegossenes und später jedes künstlich hergestellte Bild bezeichnet haben. Die gegenwärtige Sprachwissenschaft brachte das Wort weiter mit dem griechischen Stamm χυ (χεω usw.), ferner mit der Sanskritwurzel *hu (opfern)* in Zusammenhang. Kluge macht zu der Herleitung *Gußbild* ein kleines Fragezeichen und neigt dazu, *Götze* für eine Kurzform von *Götterbild* zu halten, so wie *Götz* und *Spatz* als Koseformen von *Gottfried* und *Sperling* (mhd. *Spar*) zu verstehen sind. H. Paul lehnt in der II. Aufl. seines Wörterbuches beide Herleitungen entschieden ab; jedenfalls sei die Ableitung aus *gießen* zurückzuweisen. Aber Paul weist doch darauf hin, daß *Götze* früher überhaupt für ein Bildwerk gebraucht wurde, noch bei Luther prägnant für ein Götzenbild (»die Götzen ihrer Götter«). Da das Wort eigentlich ein christenkirchlicher Begriff ist und ursprünglich genau das bedeutet, was wir heute mit äußerster Verachtung einen Fetisch nennen, so ist es mit einiger Wahrscheinlichkeit nur aus der Wortgeschichte der Bibel zu erklären. Und da scheint mir ein Zwischenglied übersehen worden zu sein, das griechische Wort χωνευειν, gießen, aus geschmolzenem Metall bilden, mit seiner reichen Familie; χωνευτον, χωνευμα hieß das *Gegossene*, das *Gußbild.*

Die Griechen besaßen aus alter Zeit für die

Nachbildung oder das Bildchen eines Gegenstandes das Wort εἴδωλον von εἶδος, Bild; unser Idol; bei Homeros steht dieses εἴδωλον schon für künstlerisches Gebilde, aber besonders häufig für die Schattenbilder der Toten. Im Sinne eines Gespenstes, der aus dem Seelenkult hervorging, ging das Lehnwort *idolum* und die freie Lehnübersetzung *spectrum* in die lateinische Gelehrtensprache über; beide Worte wurden seit den Stoikern auch zu einem Terminus für die *Bildchen* in der Seele, die Vorstellungen. Mit εἴδωλον, aber auch mit χωνευτον übersetzten die Verfasser der Septuaginta und die Kirchenschriftsteller die hebräischen Ausdrücke, in denen den Juden die Herstellung von Götterbildern verboten worden war. Die Vulgata und Augustinus haben dafür *sculptile et conflatile; conflatile* von *conflare, zusammenblasen, anfachen, schmelzen, gießen.* Mir scheint nun, daß der Weg über χωνευτον und *conflatile* zu *Götze* etymologisch gangbar ist. Nun vergleiche man Luthers Übersetzung mit der Vulgata: non facies tibi sculptile neque omnem similitudinem (II, 20, 4.), du solt dir kein Bildnis noch irgendein Gleichnis machen; non facietis vobis idolum et sculptile, nec titulos erigetis, nec insignem lapidem ponetis in terra vestra, ut adoretis eum (III, 26, 1), ihr sollt euch keinen Götzen machen, noch Bilde, und sollt auch keine Säule aufrichten, noch keinen Malstein setzen in euerem Lande, daß ihr darvor anbetet; non vidistis aliquam similitudinem in die qua locutus est vobis Dominus in Horeb, de medio ignis, ne forte decepti faciatis vobis sculptam similitudinem aut imaginem masculi vel feminae (V, 4, 15), denn ihr habet kein Gleichnis gesehen des Tages, da der Herr mit euch redete ... auf daß ihr euch nicht verderbet und machet euch irgendein Bild, das gleich sei einem Manne oder Weibe; maledictus homo, qui facit sculptile et conflatile, abominationem Domini, opus manuum artificum, ponetque illud in abscondito (V, 27, 15), verflucht sei, wer einen Götzen oder gegossen Bild machet, einen Greuel des Herrn, ein Werk der werkmeister Hände, und setzet es verborgen.

Das hebräische Wort, das überall steht, פסל, wird von Fürst erklärt: »*Bild*, das entweder aus Holz geschnitzt oder aus Stein gemeißelt ist, seltener von einem *Gußbilde*.« Daß die Bedeutung sich mit dem Fortschreiten der Technik wandelte, daß das Wort zuerst Schnitzerei, dann Erzguß bezeichnete, kann natürlich nicht auffallen; *Feder* bedeutet jetzt ganz vulgär die Metallfeder; und am Ende hat *Skulptur*, das jetzt jedes plastische Werk bedeutet, die gleiche Entwicklung durchgemacht. Ich wollte auch hier auf die merkwürdig stetige Reihe von Lehnübersetzungen hinweisen: פסל, χωνευτον, *conflatile, Goetze*; wenigstens scheint mir sicher, daß Luther, im letzten der zitierten Beispiele, da er sculptile et conflatile mit *Goetze oder gegossen Bild* übersetzte, ausdrücklich auf die Gleichheit der beiden Ausdrücke hinweisen wollte. Und mir ist gewiß, daß wir es da nicht bloß mit einer gelehrten Volksetymologie zu tun haben, daß *Goetze* doch nur eine dritte Lehnübersetzung des Bibelwortes für *Bildnis* ist. Nicht behaupten, aber fragen möchte ich: warum sollte *Gott* nicht das gleiche Wort sein? Man achte besonders darauf, daß die alte nordische und gotische Form des Wortes (*guđ* und *guþ*) trotz der maskulinischen Verwendung neutral war, etwa *das Gegossene.* »Das Wort *guþ*, welches der Form nach Neutrum ist, wird für den Christengott als Masculinum gebraucht. Dagegen für die heidnischen Götter ist der neutrale Plural *guda* noch im Gebrauch.« (Braune, Gotische Gramm. S. 35.) Wir hätten dann nicht *Götze* in Bedeutung und Form aus *Gott* abzuleiten, sondern umgekehrt *Gott* aus *Goetze*. *Götze* wäre als *das Gegossene* der gemeinsame Ausdruck gewesen. Und *nur* der Form nach wäre *Gott* aus *Goetze* abzuleiten. Wenn man einen Bedeutungswandel dabei anerkennt (wie bei der Herleitung des abschätzigen *Goetze* aus dem heiligen *Gott*), so scheint mir das schon christelnden Hochmut zu verraten. Denn einen ernsthaften Unterschied der Bedeutung kann ich nicht wahrnehmen. *Gott* wäre die sächsische Form zu Goetze (*Witze* und *wit*, *Schütze* und *shoot*, *nütze* und ags. *nyttu*). Wäre es nicht möglich, daß heidnische Sachsen den Crucifixus, welchen die südwestlichen Germanen schon verehrten, in ihrer Verstocktheit *das Gott*, das Gegossene genannt hätten? Daß der Name nach der Bekehrung blieb, während die ältere, südwestgermanische Form *Götze* als Übersetzung des biblischen *sculptile et conflatile* auf die nichtchristlichen Götter eingeschränkt wurde? Wäre es gar so unerhört, daß das Wort einmal *Gottesdienst*, den Kultus des *richtigen* Gottes, das andre Mal *Götzendienst*, den Kultus des *falschen* Gottes bedeutete? *Schlicht* und *schlecht* ist nur eines von vielen Beispielen, die sich beibringen ließen. (Für *Götzendienst* haben wir noch ein zweites Wort zur Verfügung: *Abgötterei*. *Abgott* ist selbstverständlich der falsche Gott, der Mißgott (wie *Abort* der häßliche Ort, *Abgunst* die Mißgunst); doch ist diese Bedeutung nicht sehr alt, vielleicht aus einem Mißverstand hervorgegangen; der *Abgötter* hieß noch bei Luther ein Götzendiener; von einem alten Worte *abgott*, das im Gotischen nicht *Götze*, sondern *gottlos* bedeutete. Ulfilas sagte für *Götzen galiugaguda; afguþs* war ihm der *impius*. Es ist für mich kein Zweifel, daß dieses überraschend gebildete Wort eine genaue Lehnübersetzung von ἄθεος ist, dem es buchstäblich in seiner Bedeutung und in seiner fast unlogischen Form entspricht.)

Unserer dogmatischen Sprachwissenschaft liegt es näher, *Gott* mit einer Sanskritwurzel in Zusammenhang zu bringen, als mit dem deutschen Worte *Goetze*. Man knüpft an sansk. *hu* an, die *Wurzel* für opfern, anrufen; und gibt zwei verschiedene Etymologien, als ob nicht offenbar *opfern* und *anrufen* nur zwei verschiedene Übersetzungen oder Kulturstufen der gleichen Handlung wären. Gott (sansk. huta, got. guþa) soll danach heißen: der viel angerufen wird, dem viel geopfert wird. Nach meiner Vermutung wäre die letzte Erklärung nur grammatisch zu ändern; nicht dem viel gegossen wird, sondern *der Gegossene*.

(Ich wage noch – ohne zu einer Vermutung zu gelangen – an *gueuse* zu erinnern, ein französisches Wort, das bei Littré und Diez von *gueux* etymologisch separiert wird, und das einen gegossenen Metallklotz bedeutet; es wäre fast zu hübsch, wenn dieses *gueuse* am Ende doch mit *gueux*, unbekannter Herkunft, zusammenhinge, das jetzt Lump geworden ist.)

Bei allen diesen Zusammenhängen könnte man höchstens darüber staunen, daß die Menschen nicht früher schon den kindlichen Unverstand einsahen, der sie die eigenen Götzen oder Bilder knechtisch verehren, die fremden Götzen oder Bilder mit äußerstem Hochmut verachten ließ. Warum sollten die heidnischen Sachsen den bildlich sichtbaren Gott der Franken und Alemannen nicht einen Goetzen geheißen haben, da doch christliche Kirchenväter es wagten, die menschlich schönen Kultbilder der Griechen Goetzen zu nennen? Hier wie dort auf der einen Seite Glaube, auf der andern Seite Unglaube.

Für den Gläubigen ist der Fetisch Bild und Sitz des wunderwirkenden Gottes; für den Ungläubigen ist das Gottesbild eine abominatio, ein *Fetisch.* Wenn die allgemein angenommene Etymologie richtig ist, so wendeten die Portugiesen ja ihr Wort *feitiço* (von *facticius künstlich*, vielleicht auch schon: von Zauberkunst stammend) auf die (für sie) lächerlichen wundertätigen Puppen, Tiere und Gerätschaften an, die sie bei den Negern der Westküste als Gegenstände der Verehrung vorfanden. Das Wort *(Fetisch, fetiscio, fétiche, fetish)* ist dem gemeinsamen Hochmut der christlichen Völker gemein.

Wir müssen von dem verschiedenen Stimmungswert, mit dem zweitausendjährige Christengewohnheit uns die Worte Gottesdienst und Götzendienst trennen läßt, absehen, wir müssen völlig durchdrungen sein davon, daß das gleiche Ding dem Einen Gott und dem Andern Götze sein kann, wenn wir uns von der Tyrannei dieser Wortwerte befreien wollen. Wollen wir Ernst machen mit einer vergleichenden Religionswissenschaft, so haben wir zu einer Unterscheidung zwischen Gott und Götze kein Recht mehr; wir wollten denn das grobsinnliche Bild, von dem der Gläubige wunderbare Hilfe erwartet, einen Götzen, den abstrakten, geläuterten Gottesbegriff, dessen Wunder und Hilfe der Gläubige mit Worten anruft, Gott nennen. Und weil die Bezeichnung Götze durch christlichen Hochmut im Mittelalter den immerhin humanen und ganz und gar nicht widerwärtigen antiken Göttern angeworfen worden war, brauchte die Neuzeit für die gröbstsinnlichen Götzen der Naturvölker ein neues Wort und sagte Fetisch. Zwischen dem Fetisch der Neger und den Götzenbildern der Griechen ist natürlich ein ästhetischer Unterschied. Kein so großer Unterschied besteht zwischen dem Fetisch des Negers und (in der Vorstellung des gemeinen Mannes) den alten Kultrequisiten der Christen. Dem abendländischen Forschungsreisenden mag der Fetisch ein Gelächter oder eine Scham sein. Dem katholischen Missionar sollte der hausgemachte Gott, der mobile Gott vertrauter sein. Die Neger haben ihre Leichenteile in Fetischhütten wie in Reliquienschreinen. Ihre Priester benützen die Fetischhütten als Opferstock. Die Neger haben für Krieg und Krankheit, für Trank und Geburt Spezialfetische, wie es im Katholizismus Spezialheilige gibt, deren Wunderkraft für das Volk, das aber von den Priestern selten eines Bessern belehrt wird, am Bilde haftet.

Erwähnung verdient, daß auch bei den Negern Königtum und Gott, Thron und Altar, fest aneinandergeknüpft scheinen. Bei einigen Negerstämmen ist der König »ein lebendiges Kultgerät« (Lippert, Gesch. d. Priestertums I. 87). Der König wird wie ein Fetisch abgesetzt, wenn der Fisch oder der Regen ausbleibt.

Von protestantischen Freigeistern ist oft und hart darauf hingewiesen worden, daß das Allerheiligste des Katholizismus völlig der Definition des Fetisch entspricht. Kein Zweifel, daß diese Protestanten recht haben. Nur vergessen sie selbstgerecht, daß das Wunder nicht an der Substanz der Hostie haftet, sondern erst durch das sakrale Wort, das der geweihte Priester spricht, geschaffen wird. (Die sakralen Worte, welche die Wandlung bewirken, dürfen nicht einmal in populären Erklärungen zum Meßtexte übersetzt werden, so eng haftet der Zauber an den lateinischen Worten hoc est enim corpus meum usw.; die katholische Kirche und Papst Alexander VII., der durch Dekret vom 12. Jan. 1661 die Übersetzung verboten, haben wohl nicht bedacht, daß das Neue Testament die Zauberworte in griechischer Sprache anführt, daß sie also ihre Kraft schon durch die lateinische Übersetzung der Vulgata verloren haben müßten.) Der Protestant, der also in der Substanz einen Fetisch sieht, wo er in der Wandlung einen Wortfetisch sehen sollte, will nicht bemerken, daß er den Worten der Bibel, beileibe nicht den lateinischen Worten, sondern dem hl. Texte Luthers, ebensolche Zauberkraft zuschreibt: Wahrsagekraft bei den immer noch üblichen Nadelproben, wunderbare Hilfe beim Gesundbeten und (wenn der Protestant ganz modern und aufgeklärt ist) wenigstens Trost in Widerwärtigkeiten. Leistet ihm der Wortfetisch nicht einmal diesen Dienst mehr, dann dürfte der Protestant wohl kein Recht haben, sich noch einen gläubigen Christen zu nennen. Die Protestanten waren es, die für ihren Priester, den *gonga* der Fetischneger, sicherlich ohne den Humor zu empfinden, die Bezeichnung »Diener am Wort« gefunden haben.

III.

Da ich so, von außerhalb, über Wortheiligtümer spreche, die vielen guten Abendländern wert sind, habe ich vielleicht die Pflicht, mit einigen Worten meine Stellung zur religiösen Frage zu präzisieren. Ich schicke voraus, daß ich Gretchens Frage: »Nun sag, wie hast du's mit der Religion?« nicht für so wichtig halte, wie sie traditionell, nach jahrhundertlanger Katechisation, genommen zu werden pflegt. Es gibt wichtigere Fragen. Ob es eine Entwicklung oder einen Fortschritt gibt? Ob Erkenntnis durch Sprache möglich ist? Ob überhaupt etwas wie Ordnung in der Natur vorhanden ist? Das *ob* ist die Frage. Wir suchen Entwicklung, Erkenntnis, Ordnung. Wenn wir eins davon gefunden hätten, dann wäre noch lange nicht nach dem Urheber der Entwicklung, der Erkenntnismöglichkeit, der Ordnung zu fragen. Die Menschen haben von jeher die Neigung gehabt, die letzten Fragen zuerst zu beantworten, die letzte Ursache zuerst entdecken zu wollen. Und so haben sie lange vor jeder Naturforschung schon das Wort Gott oder so ähnlich als letzte Antwort gebrauchen gelernt. Wie das Wort Seele. Wie das Wort Phlogiston. Wenn die Menschen gewartet hätten, so besäßen sie heute das Wort Gott nicht und ich hätte nicht nötig, mein Verhältnis zu einem Worte zu präzisieren, das ich nicht verstehe.

Ich will aber durch Berufung auf meinen sprachkritischen Standpunkt nicht auszuweichen scheinen. Ich nehme ja doch instinktiv eine bestimmte Stellung zu diesem unverstandenen Worte ein. Ich verstehe es nicht nur nicht; ich glaube auch, daß es keinen Sinn hat. Ich glaube, daß der alte Judengott nebst seiner Übersetzung ins Christentum ein totes Symbol geworden ist, ein totes Wort. Die Physik hat dem Judengott seine Substanz genommen, die Naturgeschichte seinen Ursachcharakter, die Astronomie den Ort, auf welchem stehend er die Erde bewegen könnte. Der Atheismus, rein als Negation des Gottesbegriffs genommen, ist wirklich auf einer gewissen Stufe des Wissens die einzige anständige Weltanschauung. Nur einbilden soll man sich nichts auf diese Weltanschauung. Andere Fragen sind wichtiger, wie gesagt. Nicht einmal tapfer ist es mehr, sich zu dieser kleinen Negation zu bekennen. Nur anständig wäre es für jeden geistigen Arbeiter. Und infam scheint es mir, daß unsere vom Staate angestellten Gelehrten, seltene Ausnahmen abgerechnet, das Bekenntnis zu dieser kleinen Negation vor der Öffentlichkeit scheuen. Irgendein Wortkompromiß mit dem alten Judengott suchen. Infam scheint es mir und dumm dazu. Wenn alle deutschen Professoren, die es angeht, sich zu ihrem Atheismus bekennen würden, so könnte und wollte der Staat ihnen kein Haar krümmen; und wir hätten es nicht erlebt, daß ein so unbedeutender Kopf wie Haeckel, bloß um dieser einen Ehrlichkeit willen, zu einem Führer des jungen Deutschland gemacht worden ist, das schon seit Schopenhauer einfach atheistisch ist.

Der alte Judengott ist tot. Aber auch der Materialismus, der ihn umbringen geholfen hat, liegt in den letzten Zügen. Und das metaphysische Bedürfnis der Menschen, die ahnungslos in ihrem Materialismus ebenso metaphysisch waren wie in ihrem Gottglauben, ringt überall nach einem neuen Ausdruck für die alte Sehnsucht. Die armen Menschen suchen den Sinn der Welt, in die sie hineingestellt sind. Wer ein tiefes Gefühl für diese Sehnsucht hat und das Wort nicht findet, der flüchtet aus der Welt in die Mystik. Der Okkultismus, der gegenwärtig unter vielen Namen sich gebärdet, als ob er eine neue Religion und einen neuen Gott gebären wollte, ist doch nur die Mystik des dummen Kerls. Die großen Mystiker aus der Nachfolge Buddhas und Jesus hatten den Sinn der Welt gefunden, in ihrem Gefühl, jeder für sich, nicht mitteilbar.

Wollte einer für dieses nicht mitteilbare Gefühl vom Sinne der Welt das tote Wort Gott wieder gebrauchen, so hätte die Sprache ja nichts dagegen. Ich liebe nur die Worte nicht, die keine mitteilbare Vorstellung ausdrücken können. Auch den großen Mystikern war Gott nur in ihrem Gefühl, unsagbar; wie sie ihn nannten, wurde er zum Götzen.

Der bescheidenen Ehrlichkeit, sich zu der einfachen Negation des Gottesbegriffs zu bekennen, zum Atheismus, zu dem Eingeständnis, daß man den Sinn des Wortes Gott nicht verstehe – dieser kleinen Tapferkeit steht der christliche Sprachgebrauch gegenüber, der das Epitheton *gottlos* nicht als schlichte Bezeichnung einer theoretischen Überzeugung gelten läßt, sondern eine praktische Disqualifikation mit dem Worte verbindet, einen ähnlichen Makel wie mit dem Worte *ruchlos*. (*ruchlos* wird allgemein von dem mhd. *ruochen* abgeleitet: sich um etwas kümmern, auf etwas Rücksicht nehmen. *Ruchlos:* der auf nichts Rücksicht nimmt. Mir leuchtet diese Ableitung nicht ein. Wir haben aber in *ruchbar* dieselbe Silbe *ruch* = *rucht* = mhd. *ruoft*, das unserem *Ruf* entspricht. Ich meine, wollte man eine Lehnübersetzung von *infamis* bilden, so standen *ruchlos* und *verrucht* zur Verfügung, die wir beide im Sinne von *infam* gebrauchen.) Apologeten des Christentums berufen sich auf diesen Sprachgebrauch, der zwar nicht unter den Atheisten (das ging nicht mehr gut seit Spinoza und Bayle), wohl aber unter den Gottlosen einen schlechten Menschen verstand.

Auf die Scheu vor der öffentlichen Meinung des Sprachgebrauchs mag manche Feigheit der Philosophen zurückzuführen sein. Manche feige Umgehung der Wahrheit. Auch der Atheismus hat seine Jesuiten gehabt: Sophisten für und gegen den Gottesbegriff. In jedem einzelnen Falle ist für die Zeit vom 15. Jahrh. bis zur Gegenwart sehr schwer zu entscheiden, ob der jeweilige Anwalt des Gottesbegriffs gläubig war oder ein feiger Heuchler. Auch dürfte man nicht vergessen, daß ein Wort, solange an der bezeichneten Sache nicht gezweifelt worden ist, wie die Sache selbst verteidigt zu werden pflegt; wird die Existenz der Sache geleugnet, so entbrennt ein erbitterter Kampf um das Wort allein. Ich habe vorhin unter den Worten, die so gegenstandslos geworden sind wie *Gott*, auch das alte Prinzip *Phlogiston* angeführt. Als dieses *Phlogiston* gegen Ende des 18. Jahrhunderts von Priestley und Lavoisier unter die Erdichtungen geworfen wurde, fand das Unding Phlogiston dennoch seine altgläubigen Anwälte. Und die, weil sie langsam oder dumm oder treu waren, pflegt man in der Geschichte der Naturwissenschaften doch auch nicht Heuchler zu nennen. Freilich, die Anwälte des Gottesbegriffs werden von Staat und Kirche gelohnt; und dennoch ist es in jedem einzelnen

Falle sehr gewagt, von Unehrlichkeit zu sprechen, wo vielleicht nur Unklarheit vorlag.

Unklarheit bis zur völligen Konfusion möchte ich annehmen, wenn ich den kleinen Artikel *Atheist (Gottesleugner)* in Maimons »Philosophischem Wörterbuch« (S. 25) lese. Er scheint zu einem Keulenschlag gegen den Atheismus auszuholen, um nachher schärfste Kritik an dem landläufigen Gottesbegriff zu üben. »Sollte dieser (der Atheist) auch einen Platz in einem philosophischen Wörterbuche verdienen? Allerdings, aber nur, um auf ewig daraus verbannt zu werden.« Das Wort bezeichne »etwas Unmögliches«, wie das Wort Hypogriph (so!). Denn nur der Leugner eines anthropomorphischen Gottes, eines falschen Gottes, sei möglich. Der *Begriff* des wahren Gottes, »eines unendlich vollkommenen Wesens«, enthalte keinen Widerspruch, könne also nicht geleugnet, d. h. als unmöglich verworfen werden. Eine Realität dieses Begriffs sei freilich nirgends anzutreffen, weil das Objekt dieses Begriffs, seinem Wesen nach, nicht Gegenstand der Wahrnehmung sein könne. Der Gottesbegriff sei also problematisch, wie eine mathematische Formel, solange man sie nicht konstruieren könne. Wer nun »keines Weges die Möglichkeit und das Dasein Gottes leugnet, sondern diese Annehmung nur für uns unerweislich hält«, der sei darum noch kein Atheist. Wenn einer lehrt, die Engel seien bärtig, der Zweite, die Engel seien unbärtig; und nun ein Dritter käme und sagte, die Engel seien so wenig bärtig als unbärtig, indem sie überhaupt keinen Körper hätten, so leugne er weder die Existenz noch die Nichtexistenz des Engelbartes. So Maimon, nachdem er den Atheismus für ewig aus der Philosophie zu verbannen versprochen hat. So ungefähr sagen das die schlimmsten Atheisten auch. Und dennoch glaube ich in diesem krassen Falle sogar nicht an eine Unehrlichkeit.

Bacon von Verulam ist nicht unklar; aber der Vater der modernen Naturwissenschaft ist tiefsinnig bis zur theosophischen Grenze, und darum zögere ich auch bei ihm, die kleine Abhandlung »über den Atheismus« für Heuchelei zu erklären. Da findet sich der oft zitierte Satz: Verum est tamen, parum philosophiae naturalis homines inclinare in atheismum, at altiorem scientiam eos ad religionem circumagere. Sehr fein ist weiter der Gedanke: es gebe Atheisten, die eher Tod und Marter auf sich nähmen, als daß sie ihre Überzeugung verleugneten; das wäre doch wunderbar (monstri simile), wenn sie nicht an etwas wie einen Gott glaubten. (Das Sophisma besteht darin, daß Gott zum Urheber alles Guten, also auch der Glaubenstreue, gemacht wird.) Einen abscheulichen Vorwurf gegen die Gottlosen, die schlechten Menschen, enthält der Satz: Nemo Deos (sic!) non esse credit, nisi cui Deos non esse expedit. (Niemand leugnet das Dasein der Götter außer denen, denen die Nichtexistenz der Götter nützlich wäre.) Nun denn, ich möchte diesen Schimpf in einen höhern Sinn kehren und den Gedanken so aufnehmen: jawohl, wir modernen Menschen leugnen das Dasein Gottes, weil unsre Weltanschauung diese Leugnung nötig hat.

Wollte aber jemand diese Stelle des Sermones fideles, wie manch andre, für Heuchelworte des schlauen und wahrlich nicht heiligen Kanzlers ansprechen, so könnte ich nicht heftig protestieren. Bacon hat das prächtige Bild von den menschlichen Vorurteilen oder Gespenstern oder Idolen geschaffen, die seit jeher den Fortschritt der Erkenntnis gehindert haben; er spricht (vgl. Art. *Bacons Gespensterlehre*) von den Gespenstern oder Idolen des Stammes, der Höhle, des Marktes und des Theaters. Sollte es ihm entgangen sein, daß der Gottesbegriff zugleich ein Gespenst des Stammes, der Höhle, des Marktes und des Theaters ist? Das freilich konnte Bacon kaum für möglich halten, was uns jetzt am Ende klar geworden ist: daß *Gott* nur' eine Übersetzung von *Idol* ist, daß wir für Idol oder Gespenst ebenso gut Götze oder Gott sagen könnten, daß Bacon recht gut strafend von den Göttern oder Götzen des Stammes, der Höhle, des Marktes und des Theaters hätte sprechen können. Gott ist das oberste, das allgemeinste, das unwahrste Idol. Ein Bild, zu dem kein Modell gesessen hat. Ein Idealbild meinetwegen.

Ein Wort jedenfalls. Götter sind Worte. Aus der Existenz des Wortes hat man wieder einmal auf die Existenz der Sache geschlossen, als ob der ontologische Beweis zu den Instinkten der redenden Menschen gehörte. Und mir fällt eine Wortfolge Luthers ein, die nicht etwa gedankenlos entstanden ist; sie steht vielmehr gleich im ersten Artikel der wohlüberlegten und fast diplomatisch stilisierten Augsburgischen Konfession. »Erstlich wird einträchtiglich gelehret und gehalten . . ., daß ein einig göttlich Wesen sei, welches genennet wird, und wahrhaftiglich ist, Gott.«

THEODOR LESSING

Unglaubensbekenntnis

Es gibt keinen Weihnachtsmann.
Es gibt keinen Osterhasen.
Es gibt keinen Gott.
Der Klapperstorch bringt auch keine Kinder
und Maria hat gefickt,
sonst wäre sie nicht dick geworden.
Jesus Christus ist nicht auferstanden von
den Toten
und all euer christliches Zeugnis ist eitel.

Gott ist nur eine Maske, die der Teufel trägt.
Den Teufel aber gibt es wirklich,
denn der Teufel, der bist Du!

Der Teufel,
das ist die Erbschaft des Neandertalers
in uns allen.
Der liebte seinen Nächsten
in guter Butter gebraten zum Frühstück.

Religion ist Reklame für den Tod,
Religion ist die raffinierteste Mordmethode,
mit der Menschen sich gegenseitig umbringen.

Die Jäger reden ihr Jägerlatein,
die Seeleute spinnen ihr Seemannsgarn,
und die Pfaffen predigen ihren Glauben.

Daß es keinen Gott gibt wird schon dadurch bewiesen,
daß noch nicht jeder Pfaffe vom Blitz erschlagen ist.

»Pastor« heißt »Hirte«.
Jeder Hirte hat zwei Gründe,
gut für seine Schäfchen zu sorgen:
erstens, er will sie scheren,
zweitens, er will sie fressen.

VLADIMIR NABOKOV

Gottes Nichtexistenzbeweis

Die Nichtexistenz Gottes ist leicht zu beweisen. Zum Beispiel kann man unmöglich bejahen, daß ein ernsthafter Jahve, allwissend und allmächtig, seine Zeit mit so unsinnigen Dingen wie dem Spielen mit Menschlein hinbringen könnte und – was noch weit unvereinbarer ist – sein Spiel auf die entsetzlich abgedroschenen Gesetze der Mechanik, Chemie und Mathematik beschränken sollte, und daß er niemals – wohlgemerkt, niemals! – sein Gesicht zeigte, sondern sich verstohlene Blicke und Umschweife gönnte und das kriecherische Getuschel (Offenbarungen, in der Tat!) von umstrittenen Wahrheiten hinter dem Rücken irgendeines sanften Hysterikers hervor.

Dieser ganze gottgeweihte Kram ist, vermute ich, ein Riesenschwindel, für den man die Priester gewiß nicht verantwortlich machen darf; die Priester selbst sind seine Opfer. Die Idee Gottes wurde in den Morgenstunden der Geschichte von einem Schurken erfunden, der ein Genie war; sie stinkt zu sehr nach Menschlichkeit, diese Idee, als daß man an ihre azurne Herkunft glauben könnte; womit ich nicht sagen will, daß sie die Frucht krasser Unwissenheit sei, jener Schurke vor mir war bewandert in himmlischer Überlieferung – und tatsächlich frage ich mich, welche Variation des Himmels die beste ist: jener blendende Glanz von argusäugigen, flügelschlagenden Engeln oder jener gekrümmte Spiegel, in dem sich ein selbstgefälliger Physikprofessor zurückzieht und immer kleiner und kleiner wird. Es gibt aber noch einen weiteren Grund, warum ich nicht an Gott glauben kann oder will: das Märchen über ihn ist nicht wirklich mein Eigentum, es gehört Fremden, allen Menschen; es ist durchtränkt von den übelriechenden Ausdünstungen Millionen anderer Seelen, die ein wenig unter der Sonne herumgewirbelt und dann zerplatzt sind; es wimmelt von Urängsten; in ihm hallt ein verworrener Chor von unzähligen Stimmen wider, die einander zu übertönen suchen; ich höre darin das Brausen und Schnaufen der Orgel, das Gebrüll des orthodoxen Diakons, das Wehklagen des Vorsängers, jammernde Neger, die glatte Beredsamkeit des protestantischen Predigers, Gongs, Donnerschläge, Zuckungen epileptischer Frauen, ich sehe die blassen Schriftseiten aller Philosophien hindurchschimmern wie den Schaum von längst verlaufenen Wellen; es ist mir fremd und verhaßt und absolut nutzlos für mich.

Wenn ich nicht Herr meines Lebens bin, nicht der Sultan meines eigenen Seins, dann dürfen mich weder Logik noch die ekstatischen Anfälle irgendeines Menschen dazu zwingen, meine unerträglich lächerliche Stellung weniger lächerlich zu finden: nämlich die, Gottes Sklave zu sein; nein, nicht einmal sein Sklave, sondern nur ein Streichholz, das von einem neugierigen Kind, dem Schrecken seiner Spielzeuge, ziellos angezündet und dann ausgeblasen wird. Es besteht allerdings kein Grund, sich zu ängstigen: Gott existiert nicht, genausowenig wie unser Leben nach dem Tod, jenes zweite Schreckgespenst, das sich ebenso mühelos abtun läßt wie das erste. In der Tat, stellen Sie sich vor, Sie seien gerade gestorben – und plötzlich sind Sie hellwach im Paradies, wo, von Lächeln umkränzt, Ihre lieben Toten Sie willkommen heißen.

Jetzt sagen Sie mir, bitte, welche Garantie besitzen Sie dafür, daß diese geliebten Geister echt sind; daß es wirklich Ihre liebe tote Mutter ist und nicht irgendein kleiner Teufel, der Sie, in der Maske Ihrer Mutter, hinters Licht führt und Ihre Mutter mit höchster Kunst und Natürlichkeit nachahmt? Das ist der Pferdefuß, das die Scheußlichkeit; um so mehr, als die Schauspielerei immer weitergehen wird, endlos; nie, nie, nie, nie, nie wird Ihre Seele in jener anderen Welt ganz sicher sein, daß die süßen, sanften Geister, die Sie umdrängen, nicht verkleidete Unholde sind, und ewig, ewig, ewig wird Ihre Seele im Zweifel bleiben und jeden Augenblick irgendeine schreckliche Wandlung erwarten, irgendein diabolisches Grinsen, das das geliebte Gesicht, das sich über Sie beugt, entstellt.

Aus diesem Grund bin ich bereit, alles hinzunehmen, komme, was da wolle; den stämmigen Henker im Zylinderhut, und dann das hohle Summen einer leeren Ewigkeit; aber ich weigere mich, die Folterqualen eines ewig dauernden Lebens durchzumachen, ich will diese kalten weißen Hündchen nicht. Laßt mich in Ruhe, ich werde nicht das geringste Zeichen von Zärtlichkeit dulden, ich warne euch, denn alles ist Täuschung, ein billiger Zaubertrick. Ich vertraue auf nichts und niemanden – und wenn das teuerste Wesen, das ich in dieser Welt kenne, mir in der nächsten begegnet und seine vertrauten Arme ausstreckt, mich zu umfangen, werde ich einen Schrei schieren Entsetzens ausstoßen, werde ich auf dem paradiesischen Rasen zusammenbrechen, mich winden . . . oh, ich weiß nicht, was ich tun werde! Nein, Fremde sollten nicht zugelassen sein im Reiche der Seligen.

Deutsch von Klaus Birkenhauer

ARNO SCHMIDT

Atheist ? : Allerdings !

1. Es ist wieder einmal hohe Zeit, dem Christentum zu bedeuten, was ein Unbefangener von ihm hält; heute, vor einem Rundhorizont von Synoden und Gottsuchern, Schattengestalten mit scholastisch gerunzelten Wolkenstirnen, unfehlbar, mißbilligend, bejahrt, seit kurzem auch wieder »Herr der Heerscharen« : Ich habe es tragen müssen, der ihr Koppel : »Gott mit Uns« hieß es sechs Jahre lang auf meinem unschuldigen Bauch : Da will ich doch einmal betonen, daß es nicht auch auf meinem *Kopf* stand !

2. Meine Antwort auf die Frage »Was halten Sie vom Christentum ?« lautet also: »Nicht sonderlich viel !« –

3. Die (mir) zureichenden Begründungen sind von dreierlei Art : einmal die Fragwürdigkeit der Stiftungsurkunde (also der Bibel; wer hier schon zuckt, lese nicht erst weiter). / Dann die (mir) ungenügende Persönlichkeit des Jesus von Nazareth. / Endlich die Betrachtung der Auswirkungen des Christentums in seinem Machtbereich (und außerhalb : the white man's burden) während der verflossenen zwei Jahrtausende. / Avanti ! :

4. Solange man als die reinste Quelle »Göttlicher Wahrheit«, als heilige Norm der »Vollendetsten Moral«, als Grundlage von Staatsreli-

gionen ein Buch mit, milde gerechnet, 50 000 Textvarianten (also pro Druckseite durchschnittlich 30 strittige Stellen !) proklamiert; dessen Inhalt widerspruchsvoll und oft dunkel ist; selten auf das außerpalästinensische Leben bezogen; und dessen brauchbares Gute (schon vor ihm und zum Teil besser bekannt) auf unhaltbaren Gründen eines verdächtig=finsteren theosophischen Enthusiasmus beruht : solange verdienen wir die Regierungen und Zustände, die wir haben !

Die Theologen wollen mit Gewalt aus der Bibel ein Buch machen, worin kein Menschenverstand ist. Die Haare stehen einem zu Berge, wenn man bedenkt, was für Zeit und Mühe auf ihre Erklärung gewendet worden ist; und was war am Ende, nach Jahrtausenden, der jedem Unbefangenen von vornherein selbstverständliche Preis all der Bemühungen ? : kein anderer als der : Die Bibel ist ein Buch, von Menschen geschrieben, wie alle Bücher. Von Menschen, die etwas anders waren als wir, weil sie unter etwas anderen Bedingungen lebten, die in manchen Stücken unverkünstelter waren als wir, dafür aber natürlicherweise auch sehr viel unwissender. Daß sie also ein normales Buch ist, worin manches Wahre und manches Falsche, manches Gute und manches Schlechte, enthalten ist. Je mehr eine Erklärung die Bibel zu einem ganz gewöhnlichen Buch macht, desto besser ist sie; und all das würde auch schon längst geschehen sein, wenn nicht unsere Erziehung, unsere unbändige Leichtgläubigkeit und die »gegenwärtige Lage der Dinge« dem entgegen wären.

Nur diese aus Hunderten von Beispielen, die man dem gesunden Menschenverstand und der heranwachsenden Jugend, ich weiß nicht, ob zur Bildung oder Verwirrung, in die Hände gibt :

Lot treibt in sinnloser Betrunkenheit Blutschande mit den eigenen Töchtern : Das war der frömmste Mann seiner Stadt ! / Joseph, das schmeichelnde Schoßkind, wird ägyptischer Minister, durch eben das fragwürdige Talent, das er im Hause seines Vaters gebildet hat. Er legt in den fetten Jahren Magazine an : sehr lobenswert ! Was aber tut er später damit ? Rettet er das verhungernde Land, »in Frieden und Freiheit«, und wird sein Wohltäter ? – Um es mit einem Wort zu sagen: *Er bringt es in Sklaverei !* Erst muß man ihm Wucherpreise für sein Korn zahlen; dann bringen die Einwohner ihre arm=sonstige Habe; dann verschleudern sie gezwungenermaßen ihre Grundstücke; zuletzt verkaufen sie sich selbst zur Knechtschaft : »*Die* Rede gefiel Pharao und seinem Kabinette wohl« : Das ist doch einmal ein Finanzminister ! *Mir* ist in den Annalen der Menschheit kaum ein größerer *Bube* bekannt ! ! : Und *der* wird aufgestellt, der Jugend und dem gläubigen Volke zum Vorbild ? ? Meint man denn, wir hätten keine Augen und Ohren mehr ? !

/ Saul, der hohe, großmütige, königliche Mann, wird verworfen, weil er dem Propheten Samuel die Amalekiter nicht genug »würgt«; auch nicht genau nach Vorschrift würgt. Freilich ist da der Knabe Isais priesterfolgsamer; er, der die Weiber verführt; weitblickend die 7 Prinzen des früheren Königshauses beseitigt; die toten Feinde unten rum skalpiert, und die noch Lebenden »unter eiserne Sägen und Zacken legte, und eiserne Keile, und verbrannte sie in Ziegelöfen« – dafür wird er dann aber auch als »Mann nach dem Herzen Gottes« bezeichnet : Der Himmel behüte mich, daß ich je ein Mann nach dem Herzen Gottes werde ! !

Ist das erschauernd »von Gott diktiert« oder 'ne simple briefliche Mitteilung, wenn Paulus schreibt : »Den Mantel, den ich in Troas bei Karpus gelassen, bringe mir bitte mit, ebenso die Bücher.« ?

Bei heutigen Schriftstellern ist man mit gerichtlicher Verfolgung »wegen Pornographie, Gotteslästerung und anderem« rasch bei der Hand; zumal, wenn das betreffende arme Luder nicht Mitglied der gerade jeweils herrschenden Partei sein sollte : Warum aber schreitet man dann nicht auch gegen Schilderungen ein, wie sie jedes Jahr millionenfach in allen Kultursprachen verbreitet werden; Schilderungen, in denen, mehr als bei jedem modernen Realisten, oben »junge Brüste steif« werden und unten »Haare kräftig sprießen«. Und alles wird ausgiebig »betastet« von Liebhabern, merkwürdigerweise »insgesamt wie Offiziere anzusehen«, von »Buhlen, die Glieder hatten wie Esel und Samenerguß wie die Hengste« und »die Adern ihrer Scham starren wie Äste« . . . Eltern, holt die Kinder rein ! (denn auch »symbolische oder kultische Unzucht« bleibt, *wenn* man mit dem Begriff schon literarisch und strafrechtlich zu manipulieren gedenkt, Unzucht ! Oder ist das »naturalia non sunt turpia« etwa nur christliches Privileg ? Und Goethe und Hemingway sind Schweine ?)

Muß ich noch erwähnen, daß man aus ein und derselben Bibel gleichwertige Argumente und Beispiele holen kann : für und wider Krieg und Frieden; / für Einehe oder Polygamie; (und *was* gibt es da für göttlich genehmigte Finessen : Sadika= und Leviratsehe; Brautraub und =kauf; Sklavinnen, Konkubinen und »Ehen auf Zeit« – mehr als im rötesten Rußland !) / für orientalisch=anmutigste Lüsternheit ebenso wie für die Selbstkastrierung der Skopzen; / »in coena domini« verflucht man sich gegenseitig periodisch, / die Mormonen nennen sich Christen und belegen es mit so vielen Bibelzitaten, daß einem der Kopf schwindelt; / dazu die endlosen inneren Widersprüche, auch der Evangelien, à la »Wolffenbüttler Fragmente« : da kann doch wohl von einer »einfachen, selbstverständlichen, leicht faßlichen Wahrheit« nicht die Rede sein ! (und ich warne hier gleich einmal alle »ernsthaften Bibelforscher« vor den kursierenden Übersetzungen ! Aus Luthers hochpoetischer reizendfalscher »Nachthütte in den Kürbisgärten« wird im Urtext ein waidmännisch=sachlicher »Jagdhochstand in den Gurkenfeldern«; und so fort, bis in die heiligsten Definitionen hinein. Also : cave !) (Nicht daß man in meiner Handbibliothek keine Bibeln finden würde : Ich lese das »Groß wüst Buch«, den »Schlüssel von Sankt Peter« durchaus; wer dürfte das auch unterlassen, angesichts der immer merkwürdigen globalen Wirkung, die es hatte ? Aber ich lausche seinen Stimmen, den lieblichen und vergaunerten, lediglich historisch=literarisch; wie all den andern heiligen Rufern auch : dem Steinmaulgeklappe des Gilgamesch, den feurigen Bässen des Koran, dem geduldigen Weisheitsgewäsche Buddhas [und »Candide« und der »Tristram Shandy« sind mir, ich gestehe es frei, lieber; auch Shakespeare oder Don Quijote, selbstverständlich].)

5. Die Persönlichkeit des Mannes, nach dem sich immerhin 30 Prozent der Menschheit nennen, genügt mir nicht ! –

Was würden wir heute sagen, wenn ein junger Mann aus irgendeinem unbedeutenden Zwergstaat käme; einem der immer wieder vorhandenen und nicht nur »wirtschaftlich unterentwickelten« Ostgebiete; keiner der großen Kultursprachen mächtig; völlig unbekannt mit dem, was in Jahrtausenden Wissenschaft, Kunst, Technik, auch frühere Religionen, geleistet haben – und ein solcher stellte sich vor uns hin mit den dicken Worten: »*Ich* bin der Weg; *und* die Wahrheit; *und* das Leben« ? Wir müßten's uns durch einen herbeigerufenen Dolmetsch erst noch mühsam aus dem barbarischen Dialekt übersetzen lassen – würden wir nicht halb belustigt, halb verständnislos ihm raten : »Junger Mensch : Lebe erst einmal und lerne : und komme dann in 30 Jahren wieder !« ?

Genau dies aber war der Fall mit Jesus von Nazareth : er verstand weder Griechisch noch Römisch, *die* beiden Sprachen, auf denen seit viel hundert Jahren alle nennenswerte Kultur beruhte (und beruht !). Er war mit Homer und Plato ebenso unbekannt wie mit Phidias und Eratosthenes : was ein solcher Mann behauptet, ist für mich von vornherein *indiskutabel !* Um über etwas aburteilen zu können, muß ich es doch wohl wenigstens vorher untersucht haben ! (Er selbst scheint auch im allgemeinen bescheidenere Augenblicke gehabt zu haben, in denen er einschränkend alle Nichtjuden für »Hunde« erklärte, und : »Ich bin nur gesandt zu den verlorenen Schafen von dem Hause Israel« Also : »Vorüber, Ihr Schafe, vorüber«.)

Um die Lückenhaftigkeit der von ihm verkündeten, angeblich so übermenschlich hohen Moral zu demonstrieren, stehen Vergleiche zu Gebote, wie etwa dieser : Welch bösartig=charakteristischen Kontrast bietet nicht die »evangelische« Geschichte vom »Fischzug Petri«, den der Heiland durch ein ausdrückliches Wunder dermaßen segnet, daß die Boote mit der Beute fast bis zum Sinken überfüllt werden – mit dem Verfahren des großen Heiden Pythagoras, der den Fischern ihren Zug, während das Netz noch unter Wasser liegt, abkauft : *und allen geängsteten Tieren die Freiheit schenkt ! ! : Wen von diesen beiden* könnte man mit mehr Recht einen »Sohn Gottes« nennen ? (von denen es mir überhaupt viel zu viele gibt : im Altertum kam das in jeder besseren Familie vor !)

Wenn Christus bei solch unvergleichlicher Gelegenheit – wo das Wahnsinnsprinzip einer Welt, deren lebende Wesen dadurch existieren, daß sie einander auffressen, handgreiflich vor Augen lag ! – wenigstens bedrückt gemurmelt hätte : »Wenn ein Gott diese Welt geschaffen hat, so möchte ich dieser Gott nicht sein : Ihr Jammer würde mir das Herz zerreißen !« – dann ja ! Aber dazu mußte scheinbar erst der »Atheist« Schopenhauer kommen. (Oder, wie Lichtenberg es in ein Geheimbuch notierte : »Zu untersuchen, inwieweit Gott aus der Welt erkannt werden kann : sehr wenig : es *könnte* ein Stümper sein !«)

6. Als weitere Kriterienreihe : Hat das Christentum die Summe des Guten / Wahren / Schönen / in der Welt vermehrt ?

7. Des Guten? : Wie viel Aufrüstungen, wie viel Kriege, wie viel scheußlichste Grausamkeiten hat das Christentum beseitigt oder doch wenigstens verhindert ? : im Gegenteil ! Es wurde »zureichender Grund« zu neuen, bis dahin unerhörten Schwerttänzen, wie »Kreuzzüge«, »30jähriger Krieg« oder «Albigenser« : als damals selbst Soldaten die Besorgnis äußerten, daß mit den »Schuldigen« (= Nichtkatholiken !) doch vielleicht auch Unschuldige umkommen könnten, tröstete sie der päpstliche Legat : »Schlagt Ihr nur tot ! Der Herr wird die Seinigen schon erkennen !« : Völker, hört auch diese Signale ! !

»Toleranz« ? : predigte man erst, als man nicht mehr »an der Macht« war ! Bis dahin hieß es »compelle intrare«, mit dem Scheiterhaufen als gewichtigstem Argument; ach armer Giordano Bruno ! Man erwarte doch nicht, daß ich von einem System mit Ehrerbietung rede, das gegen Lessing Schreibverbote erwirkte : *weil* er die Auferstehung als eine Erfindung der Jünger Christi erachtete und ihm alle positiven Religionen gleichmäßig verdächtig waren ! Ein System, das »Ewige Höllen« als fundamentale Institutionen vorsieht – was ist denn die Christenhölle anders als ein KZ, vor allem für abweichend Denkende ? Man vergleiche doch nur das abscheuliche Dantesche Handbuch für SS-Führer ! – und noch nicht einmal als theoretisch-jenseitige Einrichtung (*darüber* könnte man ja immer achselzukkend hinweggehen); sondern vor allem als integrierend=diesseitigen Bestandteil des »Reichs der Liebe«, immer wieder als Inquisition aller Art auftauchend (auch die Protestanten haben Ketzer zu verbrennen verstanden; ich erinnere nur an Servet oder die englischen Katholikenverfolgungen unter Karl II.) : ein solches System sollte jeder anständige Mensch (meines geringen Erachtens) eigentlich verabscheuen !

Man muß die politischen Händel nicht sehr genau, die Kirchengeschichte noch weniger, den Großen Brehm gar nicht studiert haben, wenn man nicht voll Bitterkeit gegen das Christentum werden soll !

8. Des Wahren ? : Die Forschung, von Jesus, wie bereits nachgewiesen, weder als Methode noch in ihren auch damals schon längst vorhandenen Einzelgebieten und Ergebnissen gekannt, also auch gar nicht berücksichtigt und bestenfalls als »Eitelkeiten« bezeichnet, ist denn auch von allen christlichen Kirchen konsequenterweise nach besten Kräften verhindert und geknebelt worden. Und zwar nicht, wie es menschlicher Anstand erfordert hätte, mit besseren Kenntnissen *widerlegt* (woher hätten die bei solcher Einschätzung der Wissenschaften auch kommen sollen ?); sondern *niedergeknüppelt !*

Der »Heilige Bonifazius«, der hochgerühmte Fäller von Donarseichen – eine bei konsequentem Zu=Ende=Denken des Verfahrens nicht ganz ungefährliche Praktik : Holz bleibt ja schließlich immer Holz ! – denunziert in Rom eifrigst=entrüstet den Bischof Virgilius von Salzburg : der, ein – ja, *wir* würden ja sagen hochgebildeter – Mann, hatte nämlich unter anderem auch angedeutet, daß seiner Überzeugung nach die Erde rund sei. Auf die Meldung des erwähnten Denunzianten hin entschied Papst Zacharias also : Falls Inculpant bei seiner Verkehrtheit beharre, müsse er des Priesterschmuckes entkleidet und aus der Kirche ausgestoßen werden ! Was damals einer milderen Form des Todesurteils gleichkam : und alles nur, weil das oben erwähnte Alte Buch abwechselnd vom Erd*kreis* oder sogar von den »4 *Ecken* der Erde« spricht !

Galilei mußte sein bißchen Einsicht vorm Inquisitionsgericht abschwören – »Ob er dabei gefoltert wurde oder nicht, steht noch nicht fest«, bemerkt der christliche Historiker nasenhaft=aktenkundlich dazu : als ob die bloße *Möglichkeit* nicht schon genügte, einen noch heute die Fäuste ballen zu machen ! Aber auch Luther verwarf die uralte, von uns mit Unrecht »kopernikanisch« genannte Lehre : *weil* in der Bibel, an der Stelle, wo es steht, Josua die Sonne stillstehen läßt und *nicht* die Erde. Erst 1822 gestattete die Indexkongregation offiziell den Druck von Büchern, welche die Bewegung der Erde lehren – oh, die Wissenschaften sind von den Herren schon arg gefördert worden ! Und wer das Namensverzeichnis des katholischen »Index librorum prohibitorum« einmal durchblättert, glaubt sich sogleich in eine geistige Ruhmeshalle versetzt : Kant steht darauf, Spinoza, Ranke, Schopenhauer, Nietzsche, Goethe, – als Radbod, der Friese, sich nach jahrzehntelangem Widerstand aus politischen Gründen endlich entschloß, Christ zu werden, und bereits mit dem Fuße im Taufwasser stand, fragte er vorher vorsichtshalber noch den Bischof Wulfram von Sens, wo denn ihre beiderseitigen Vorfahren nach dem Tode hingekommen wären ? Als der Bischof selbstbewußt antwortete : *seine* in den Himmel, die *Radbods* in die Hölle, sprang dieser sogleich aus der Taufwanne und rief : »Wo so viele tapfere Männer sind, da will auch ich sein !« – There's a good fellow !

Was das Christentum auf dem Gebiete der Kultur aus sich selbst zu leisten imstande war, haben wir in dem bekannten bleiernen Jahrtausend von 500 bis 1500 zur Genüge gesehen : Die Herren haben ihre Chance übervoll gehabt ! Was will all unser armseliges heutiges Forschen besagen gegen scholastische Untersuchungen solcher Art : In welcher Sprache die Schlange zu Eva geredet habe; oder ob der Mensch ewig hätte leben können, wenn der damals nicht Obst gegessen hätte; oder, noch kniffliger : Wie hätten die ersten Menschen sich fortgepflanzt, wenn sie nicht geschlechtlich gesündigt hätten ?

Was das Christentum speziell in Sachen Weltenstehung und Weltordnung zu geben hatte, sieht man aus dem streng schriftmäßigen Weltbilde Kosmas' des Indikopleustes, das bei rechtgläubigen Theologen fast ein Jahrtausend lang gegolten hat. Oder in unserer Zeit an dem 1905 mit Approbation der katholischen Kirche zu Mainz erschienenen Werk »Die Hölle« des münsterschen Theologieprofessors Dr. J. Bautz. (Und die Protestanten mögen zum Vergleich ihres Jung=Stillings »Theorie der Geisterkunde« zur Hand nehmen; die Sekten Swedenborg.) Und der rechte Christ weiß alles zu erklären : »Höben sich die Augenlider / durch die Muskeln selbst nicht auf, / sondern sänken immer wieder / – ach man achte doch darauf ! – / Wie erbärmlich würd es lassen, / wenn man sie mit Händen fassen, / Und erst aufwärts schieben müßt ! / : Merk's, verruchter Atheist !«

Ich fasse zusammen : Fellgekleidete Anachoreten, fuchtelgebärdige, schäumenden Mundes um Dogmensplitter keifend (oder bestenfalls im Professorenfrack, scholastisch=philologisch auf der Stelle tretend) sind noch lange keine »Wahrheitssucher« ! Und wer statt »Gott« dafür auch noch »God, Dieu, Deus, Theos, Jahve oder Elohim« sagen kann, ist deswegen noch längst kein »gebildeter Mann« : im Gegenteil : es ist ein typisches Kennzeichen jesuitischer Technik, den Geist durch übermäßiges Sprachenlernen abzustumpfen ! Jeder Arbeiter, der in seiner Muttersprache nachgedacht hat, ist solchem unergiebigen Buchstabengeplätscher überlegen.

9. Des Schönen ? : Wenn wir Künstler lediglich auf die Antriebe und Arbeitshypothesen des Christentums angewiesen wären : höchste Spitze wären Dostojewskijfiguren; Menschen ohne Renaissance; sündig=formlos; weichselzöpfige Trolle, Brackwässer des Geistes tretende; in rotten boroughs kauernde; und literarische Schwedentrünke vomierend à la : »Es danket DIR mit Herz und Mund / die arme, sünd'ge Made. / DEIN Leichnamsduft durchweh' dies Haus, / DEIN Blut bespreng' die Herzen . . .« (ob der betreffende Verfasser wohl jemals kriegerische Leichenfuder gerochen hat ? Ich ja !)

Und man soll mir nicht nur Beschäftigung mit der Dichtung vorwerfen können; nicht nur Berufung auf den großen Bruder Goethe, ihn, dem das Kreuz verhaßt war wie Wanzen, Rauch des Tabaks, Knoblauch und Hundegebell. Wieviel hat nicht die Kirche den *Malern* zu verdienen gegeben, was ? Die rechte Antwort ist längst gegeben :

»Indem der himmlische Sinn des Guido, sein Pinsel, der nur das Vollkommenste, was geschaut werden kann, hätte malen sollen, Dich anzieht – : so möchtest Du gleich die Augen von den abscheulich dummen, mit keinen Scheltworten der Welt genug zu erniedrigenden Gegenständen wegwenden – man ist immer auf dem Schindanger ! Entweder Missetäter oder Verzückte, Verbrecher oder Narren; wo denn der Maler, um sich zu retten, einen nackten Kerl, eine hübsche Zuschauerin herbeischleppt. Unter zehn Sujets nicht eins, das man hätte malen sollen : und das eine hat der Künstler nicht von der rechten Seite nehmen dürfen. Ein ›Johannes in der Wüste‹, ein ›Sebastian‹, wie köstlich gemalt; und was sagen sie ? : der Eine sperrt das Maul auf; der Andere krümmt sich !« (Wie hätte Malerei denn auch sollen gedeihen können, wo jahrhundertelange ikonoklastische Stänkereien ihr oftmals den Boden gänzlich unter den Füßen wegzogen ? !)

Das Christentum ist nämlich – trotz aller später hinzuerfundenen »Niederen Mythologie« seiner Heiligen, oder der schüchtern fabulierenden Legenden – künstlerisch einfach nicht konkurrenzfähig ! Nicht gegenüber der Gestalten= und Gedankenfülle der Antike; nicht gegenüber dem Material der Geschichte oder der Naturwissenschaften – kurz : nicht gegenüber dem von ihm überheblich vernachlässigten, ja verleumdeten, dem Künstler aber unentbehrlichen (weil zur Gestaltung aufgegebenen) Leben schlechthin !

(Ich protestiere an dieser Stelle feierlich gegen die heute unaufhörlich kursierende falsche Wortmünze von der »christlich=abendländischen Kultur«. Eine »christliche Kultur« ist, eben wegen der dort grundsätzlichen Diffamierung von

Kunst und Wissenschaft, ein Widerspruch in sich ! Unsere abendländische Kultur, auf Altertum und Renaissance beruhend, ist im härtesten Kampf *gegen* die ausgesprochen *kulturhemmenden* Kräfte des Christentums entstanden ! Also Schluß endlich mit dem klangvoll-widersinnigen Silbenfall !)

10. Ich bin also nicht nur antiklerikal – das ohnehin ! –, sondern auch antichristlich; oder präziser, bedeutend-allgemeiner : *anti-religiös !* Institutionen, die es nicht verschmähen (und nicht verschmähen können), mit den Mitteln des Fanatismus, der Massenbearbeitung, der Großen Oper, also der Tyrannei, zu operieren, lehne ich, ebenso wie ihre gleichnamigen politischen Brüder, für mich ab ! Ich bekenne mich vorbehaltlos zur alten, heute bestgeschmähten Aufklärung : la lumière sans phrase !

Allerdings würde *ich* nie so weit gehen, einen Gläubigen an Eigentum oder gar Leben zu schädigen – dergleichen Praktiken bleiben den Christen überlassen ! (»Wir Heiden sind tolerant«, hat Nehru einmal stolz gesagt.)

11. Ich resümiere:

Die Hierarchie der drei christlichen Großbekenntnisse (und der zahllosen kleinen dazu) zehrt borniert immer noch von jener unzureichenden Begründung, die vor 2000 Jahren dem geistigen Mittelstande gerade angemessen war. Seitdem wird mit der wachsenden Erkenntnis in jedem Jahrhundert und jedem einzelnen der Unwille immer größer, über den unheilvollen Riß zwischen der anerkannten Notwendigkeit gütiger Liebe, und jener unentwegt=schamanenhaften Begründung dafür. Ein Dritteil der Schuld an unserer verzweifelten geistigen und politischen Situation trägt dieser, die meisten beunruhigende Widerspruch, der edle Menschen (Nietzsche) sogar so weit gebracht hat, daß sie in gequältem Zorn dann selbst das Mitleid (*die* »Grundlage der Moral«) verleumdeten.

Es wäre doch wirklich an der Zeit, die christliche Mythologie mit all ihren Göttern, Halbgöttern, Sehern, Himmeln und Höllen (und natürlich auch die rezenten Dekorationen) dahin abzustellen, wohin sie historisch und wertmäßig gehört : nämlich in die Nähe der römischen und griechischen. Etcetera.

Dann wird es ruhiger werden, in und um uns.

12. *Mein Vorschlag :* – oder halt; erst eine Frage : Widerlegt man einen Gegner, indem man vom Staat – der freilich an dem »Göttlichen Recht der Obrigkeit« zustärkst interessiert ist ! – ein Schreibverbot gegen Andersdenkende erwirkt ? Und beklagt sich dann in christlichen Kreisen, weil es in kommunistischen Landen einmal umgekehrt geschieht ? Noch ist, halten wir das immer fest, die Summe der durch das Christentum früher und laufend begangenen Verbrechen bzw. Vergehen (und geistigen Vergewaltigun-

gen) um ein Vielfaches größer als die der Gegenseite! Eine Religion, die ganze Staaten ausrottete – die häufigsten Ortsnamen im fernen Mexiko sind noch heute »Matanza« und »Vittoria«, »Sieg« und »Gemetzel« – und auch bei uns 50 Generationen nach Kräften in geistigen Schlaf versenkte, verdiente noch ganz andere Behandlung.

Aber wieder mein Vorschlag: Wo ist der westliche Staat, in dem auch die Atheisten volle Bürgerrechte genießen? Wo entweder der Begriff »Lästerung des Atheismus« ebenso als strafbar eingeführt ist wie jetzt der der »Gotteslästerung«? (Oder vielleicht *beide* abgeschafft! ?)

Wer fragt danach, ob das ewige Glockenläuten, Beten und Choralen *meine* Ohren beleidigt?! (Und ich bin hier nichts weniger als der Einzige: Man lese Lichtenberg nach. Gibt denn Niemand die Tatsache zu denken, daß von unserem großen Sechsfachgestirn – Goethe, Herder, Klopstock, Lessing, Schiller, Wieland: nie sah die Welt gleichzeitig ihresgleichen! –, daß von diesen Sechsen *nicht einer* katholisch war; dafür aber drei – die besseren Drei! – *erklärte Feinde* jeder positiven Religion, deutlicher: des Christentums?!)

Sind wir Atheisten denn Staatsbürger zweiter Klasse? Darf sich jeder kostümierte Beamte an uns reiben, nur weil ihm »die janze Richtung« nicht paßt? Wo sind unsere offiziell anerkannten atheistischen Schulen? Unsere atheistische

Presse ? Wo unser, wenigstens *einer*, atheistischer Rundfunksender ? (Während's im Äther täglich aus tausend Stationen entsühnt jauchzt und unverdaute Stücke von Bibeltexten pausenlos serviert.) Steuern zur Unterhaltung der Kirchen gibt es : Wo ist der prozentuale Anteil zur Finanzierung des Atheismus ? Warum muß sich bei uns, im 20. Jahrhundert, immer noch jeder, der »vorwärts kommen will«, als »Gottsucher« gerieren ?

Also zum unbestreitbaren Regentenideal : Alexander Severus; in dessen Zimmer gleichwertig nebeneinander diese Statuen standen : Abraham, Orpheus, Sokrates, Apollonius von Tyana, Christus, *und andere mehr !* Also Abschaffung des Begriffs der »Staatsreligion« : Er vergewaltigt die intelligenten Bürger !

13. Atheist ? ? – : Allerdings ! !

GERHARD MENSCHING

Glaube und Zweifel
Ein Dialog

Er: Von ganz besonderer Absurdität erscheint mir die Behauptung der Gläubigen, daß Gott ein Wesen von absoluter Vollkommenheit, ja überhaupt der Inbegriff der Vollkommenheit schlechthin sein solle.

Ich: Was soll daran absurd sein? Das Ideal der Vollkommenheit ist schließlich vorstellbar, oder nicht?

Er: Nun behaupte bitte nicht, daß das Vollkommenste, wenn es sich denken lasse, auch existieren müsse. Anselm von Canterbury und sein uralter ontologischer Gottesbeweis. Längst erledigt. Schon Thomas von Aquin ... aber lassen wir das. Auf dieser Ebene möchte ich mich mit dir nicht unterhalten. Wenn etwas vorstellbar ist, folgt daraus noch nicht, daß es existiert.

Ich: Ich weiß, ich weiß. Ich wollte auch nicht auf einen Gottesbeweis hinaus. Ich wollte nur wissen, weshalb dir, wenn wir einmal voraussetzen, Gott existiere, die Behauptung, er sei vollkommen, absurd erscheint.

Er: Die Absurdität besteht darin, daß man diesem Gott in bester und verehrender Absicht etwas unterstellt, womit man ihm einen tödlichen Schlag versetzt.

Ich: Einen tödlichen Schlag? Du willst behaupten, daß die Annahme, Gott sei vollkommen, die Existenz Gottes gefährde?

Er: Nicht seine reale Existenz – wir wollen weiterhin vorausgesetzt sein lassen, daß er existiert – aber seine Existenz im Glauben der Menschen, die ihm die absolute Vollkommenheit zusprechen. Wer so vermessen ist, Gott mit dem Glanz der allerhöchsten Vollkommenheit auszustaffieren, wird eines Tages nicht mehr umhin können, ihn in die Rumpelkammer zu werfen ...

Ich: Dieses überaus despektierliche Bild soll wohl bedeuten, daß der einstmals Gläubige zum Ungläubigen wird.

Er: Werden muß! Ja, das meine ich. Er muß nur anfangen, darüber nachzudenken, was für den bedauernswerten Gott aus Zuerkennung des Prädikates der höchsten Vollkommenheit folgt. Wenn er das tut, wird er sich am Ende von seinem Gott verabschieden müssen.

Ich: Das wollen wir doch einmal sehen. Gut also, denken wir darüber nach. – Wenn der Glaube an seine Vollkommenheit Gott schaden soll – was ich nun wirklich für eine Absurdität halte –, dann müßte es ihm ergo zuträglicher sein, wenn ich ihn für unvollkommen erkläre.

Er: Sehr viel zuträglicher. Gott wird es dir danken, wenn du ihn von der Last der Vollkommenheit befreist. Es könnte der erste Schritt zu deiner Erlösung werden.

Ich: Ich kann nicht einsehen, inwiefern die Ehre der Vollkommenheit eine Last sein kann.

Er: Er kann nicht mehr für all und jedes verantwortlich gemacht werden, was in seiner Schöpfung unvollkommen ist. Seit Anbeginn der Welt klagt man doch über ihren schlechten Zustand, über Ungerechtigkeit und das Vorherrschen des Bösen. Warum hat der vollkommene Gott den Menschen denn nicht vollkommener erschaffen? Vielleicht konnte er es nicht.

Ich: Das ist Aberwitz! Du kennst nicht Gottes Gedanken. Du kannst nicht wissen, ob die Unvollkommenheit des Menschen nicht seinem Plane entspricht. Es könnte doch sein, daß unsere Unvollkommenheit uns angesichts der Vollkommenheit Gottes aufrufen soll, nach der Vollkommenheit zu streben. Es kann doch sein, daß er uns sehr wohl vollkommener hätte erschaffen können, es aber aus weiser Einsicht nicht getan hat.

Er: Und was soll das für eine weise Einsicht sein, bitte?

Ich: Du kannst nicht von mir verlangen, daß ich in der Lage bin, dir Gottes Pläne zu erläutern.

Er: Soso. Aha. – Aber ich soll blind an die Vollkommenheit Gottes glauben, auch wenn sich keinerlei Beweise dafür finden lassen?

Ich: Keine Beweise? – Dann schau dich um auf der Erde und am Sternenhimmel. Wirst du nicht zugeben müssen, daß überall höchste Ordnung und Sinn walten? Erkennst du nicht im Bau der Tiere und Pflanzen, auch der Mineralien, in den regelmäßigen Bahnen der Gestirne und im Wechsel der Jahreszeiten einen ordnenden Geist, der das Zusammenspiel aller belebten und unbelebten Gegenstände der Schöpfung so unvergleichlich geregelt hat, daß es aberwitzig wäre, wollte man ihn nicht schlechthin vollkommen nennen?

Er: Gut und schön. Ich will der Behauptung sofort und gern zustimmen, daß die Ausstattung der Erde und die Gesetze des Universums das Vermögen menschlichen Geistes weit übertreffen. Aber Vollkommenheit? – Der Mensch soll doch die Krone der Schöpfung sein. Aber sie sitzt schief und ist fleckig und schartig.

Ich: Es ist allzu billig, mit der Unvollkommenheit des Menschen gegen die Vollkommenheit Gottes argumentieren zu wollen.

Er: Welchem vollkommenen Zweck soll denn die Unvollkommenheit des Menschen dienen? Will sich Gott seiner eigenen Vollkommenheit nur um so mehr erfreuen, je länger er dem unsinnigen Treiben auf der Erde, den Bosheiten, Kriegen und Ungerechtigkeiten zuschaut? Wären wir nur am Leben, um einem reichen Herrscher zur Unterhaltung zu dienen? Dann hätte er es nicht verdient, daß wir ihn verehren. Vielmehr müßten wir ihn verfluchen wie Prometheus, auch wenn das unsere Lage nicht verbessern würde und wir ewig angeschmiedet blieben am Kaukasus. – Oder aber will uns Gott wie ein Schulmeister erziehen, damit wir seiner Vollkommenheit näherkommen, um dermaleinst in den Himmel versetzt zu werden? Und nun ist der Herr gespannt, wie vielen von uns der Sprung gelingt und wie viele in die Hölle kommen werden am Ende aller Tage? Aber richtig: Gott ist ja vollkommen, und deshalb weiß er schon längst, wie alles ausgehen wird, und so kann er nicht mehr gespannt sein. Wer vollkommen ist, weiß alles, hat alles, benötigt nichts mehr, ersehnt nichts, fürchtet nichts und will nichts. Vor allem kann er die Menschen nicht lieben, wie immer wieder behauptet wird, denn Liebe ist ohne Bangen, Hoffen und Sehnen ein Nichts. Der Vollkommene ist ohne Affekte. Es ist so gut, als wäre er nicht. Und wenn du dir deinen vollkommenen Gott nur lange genug vorstellst in seiner absoluten Überlegenheit und Erhabenheit über alles und jeden, dann wird er dir immer blasser und blasser werden, und am Ende wirst du einsehen, daß das vollkommene Sein eins ist mit dem vollkommenen Nichts. Das habe ich gemeint, als ich sagte, daß, wer vom Glauben an Gottes Vollkommenheit nicht abläßt, diesen Glauben bald in die Rumpelkammer werfen wird.

Ich: Du willst also beweisen, daß es keinen Gott gibt?

ER: Habe ich das gesagt? Ich denke, wir sind uns einig, daß wir uns auf die Kinderei mit den Gottesbeweisen nicht einlassen wollen. Dasselbe muß auch für die negativen Beweise gelten. Laß uns ruhig, da wir rings um uns her Zeugnisse eines Verstandes sehen, der den unseren tausendfach übertrifft – wobei ich mich auf das Maß des Vielfachen nicht festlegen möchte –, laß uns annehmen, daß ein göttliches Wesen existiert. Warum aber müssen wir es gleich in den höchsten Tönen preisen und das Überlegene zum absolut Vollkommenen steigern? Eine Theologie, die ihrem Gott nicht zubilligt, daß ihm die letzte Vollkommenheit noch fehle, ist auf dem Wege, diesen Gott abzuschaffen. Man traut sich nur noch nicht so recht, dies auszusprechen, aber eines Tages wird man offen erklären, daß Gott tot ist, was soviel heißt, als daß er nie gelebt hat.

ICH: Willst du damit sagen, daß es die absolute Vollkommenheit nicht gibt?

ER: Ich weiß nicht, ob es sie gibt. Woher sollte ich es wissen? Außerdem interessiert es mich nicht. Das ist ein Streit um einen leeren Begriff. Mir wäre ein Gott näher, von dem ich annehmen darf, daß auch ihm ein Mangel anhaftet, nach dessen Vertilgung er strebt. Es würde mich nicht stören, wenn ich erführe, daß die göttliche Welt aus sehr vielen Schichten und Stufen besteht, aus immer weiteren und umfassenderen Kreisen, auf dessen engstem und beschränktestem vielleicht wir uns drehen. Warum muß der nächste Kreis, der mit größerem Radius uns umfaßt, sogleich der allergrößte sein, nach welchem nichts mehr kommt? Der vollkommene Gott ist auf die Menschen nicht mehr angewiesen. Sie können ihm nicht helfen, weil er keine Hilfe braucht. Gibt es jedoch Stufen der Vollkommenheit, so kann es sehr wohl möglich sein, daß eine Stufe die andere braucht und ihr zugetan ist.

ICH: Dann wäre unsere Theologie auf einem völlig falschen Wege?

ER: So scheint es. Geht sie ihn weiter, wird sie im Atheismus enden, bleibt sie stehen, im Aberglauben erstarren.

DAVID LODGE

Glaube als Versicherung
Ein Priester erzählt

Kein Wunder; der größte Teil der Menschheit hat von Anbeginn der Geschichte eben kein langes, glückliches, erfülltes Leben geführt. Selbst für den eher unwahrscheinlichen Fall, daß der Fortschritt eines schönen Tages einen derart utopischen Zustand möglich machen sollte, ist das kein nachträglicher Ausgleich für Milliarden von Menschen, deren Dasein durch Unterernährung, Kriege, Unterdrückung, durch körperliche und geistige Gebrechen karg, kümmerlich und eingeschränkt verlief. Daher rührt ja unsere sehnsuchtsvolle Bereitschaft, an ein Leben im Jenseits zu glauben, in dem die offenkundigen Ungleichheiten und Ungerechtigkeiten dieses Lebens für immer abgeschafft sind. Und eben deshalb verbreitete sich im ersten Jahrhundert das Christentum im Römischen Reich so rasch unter den Armen, den Unterprivilegierten, den Besiegten und Versklavten. Die ersten Christen und allem Anschein nach Jesus selbst waren der Meinung, daß in der Wiederkehr Christi und der Aufrichtung Seines Reiches das Ende der Geschichte und damit das Ende von Ungerechtigkeit und Leid unmittelbar bevorstand – eine Erwartung, die bis heute fundamentalistische

Sekten inspiriert. Die Lehren der Amtskirche schoben Christi Wiederkehr und Jüngstes Gericht auf unbestimmte Zeit hinaus und stellten das Geschick der einzelnen Menschenseele nach dem Tod in den Mittelpunkt. Im wesentlichen aber ändert das nichts an der Zugkraft der Botschaft im Neuen Testament. Die Frohe Botschaft ist eine Botschaft vom Ewigen Leben, eine gute Nachricht aus dem Paradies. Für meine Schäflein war ich eine Art Reisebüromensch, der Tickets ausschreibt, Versicherungen ausstellt, Prospekte ausgibt – Garantie für ultimative Glückseligkeit. Und während ich Woche für Woche vom Altar aus diese Hoffnungen und Verheißungen verkündete, in ihre Gesichter blickte, in diese geduldigen, vertrauensvollen, ein wenig gelangweilten Gesichter, und mir überlegte, ob die Menschen dort unten wirklich glaubten, was ich da sagte, oder nur hofften, es wäre wahr, begriff ich, daß ich es nicht mehr glaubte, kein Wort davon, auch wenn ich nicht genau festmachen konnte, wann der Sinneswandel eingetreten war, so dünn, schien mir, war die Membran, so kurz die Distanz zwischen Glauben und Unglauben.

Die Aussagen jener radikalen, entmythologisierenden Theologie, gegen die ich mich ein Leben lang gestemmt hatte, sah ich plötzlich mit größter Selbstverständlichkeit als wahr an. Orthodoxes Christentum – das war eine Mixtur aus Mythos und Metaphysik, die in der modernen

Welt der Nach-Aufklärung nur dann Sinn machte, wenn man sie historisch begriff und metaphorisch interpretierte. Jesus war – sofern es gelang, seine wahre Identität aus dem *midrasch* der Evangelisten herauszukristallisieren – bestimmt ein bemerkenswerter Mensch gewesen, der zweifellos bedeutende (aber rätselhafte, sehr rätselhafte) Weisheiten zu vermitteln hatte, als Persönlichkeit eindeutig interessanter als vergleichbare apokalyptische Eiferer aus dem gleichen Abschnitt der jüdischen Historie, und die Geschichte seiner Kreuzigung war (wenn auch historisch nicht nachprüfbar) bewegend und erhebend. Das ganze übernatürliche Drum und Dran aber, die Vorstellung, er sei Gott selbst und habe als Gottvater gleichsam sich selber vom Himmel auf die Erde »gesandt«, sei von einer Jungfrau geboren, auferstanden von den Toten, aufgefahren gen Himmel, von wo er am Tag des Jüngsten Gerichts kommen wird zu richten die Lebendigen und die Toten und so weiter und so fort ... nun ja, auch das war narrativ gewiß sehr eindrucksvoll und von symbolischer Aussagekraft, aber doch nicht glaubhafter als viele andere Mythen und Legenden über Gottheiten, die zur gleichen Zeit im Mittelmeerraum und im Nahen Osten im Schwange waren.

So war ich denn zu einem atheistischen oder zumindest einem agnostischen Priester geworden – und wagte es nicht, mich irgend jemandem zu offenbaren. Ich nahm mir die radikalen anglikanischen Theologen vor – John Robinson, Maurice Wiles, Don Cupitt und Genossen –, die ich in meinen Einführungsvorlesungen zur Theologie mit Hohn und Spott bedacht hatte, und las sie mit mehr Achtung. In ihrem Werk fand ich so etwas wie eine Rechtfertigung dafür, weiter mein Priesteramt zu versehen. So sprach etwa Cupitt von »Menschen, die in der Stille Agnostiker sind oder Zweifel an den übernatürlichen *Doktrinen* des Christentums hegen, trotzdem aber die christliche *Religion* weiterhin mit beachtlichem Erfolg praktizieren.« Zu diesen Menschen, dachte ich mir, könntest du auch gehören. Cupitt, der seine eigenen Zweifel durchaus nicht in der Stille hegte und öffentlich als »atheistischer Pfaffe« beschimpft worden war, faszinierte mich besonders, da er in etlichen Büchern grimmig an dem Ast sägte, auf dem er saß, bis zwischen ihm und dem Abgrund nur noch eine Kierkegaardsche »religiöse Forderung« stand: »Es gibt für uns keinen Gott außer der religiösen Forderung, der Entscheidung für die Akzeptanz ihrer Ansprüche und der befreienden Selbsttranszendenz, die sie in uns bewirkt.« Früher hatte ich meine Priesterschüler in St. Ethel zum Lachen gebracht, indem ich aus derlei Sentenzen ein Credo zusammenbastelte: »Ich glaube an die religiöse Forderung . . .« Jetzt schien mir selbst das, was Cupitt sagte, reichlich anmaßend. Wo war sie denn, diese befreiende Selbsttranszendenz? Ich spürte nichts davon. Ich spürte nur Einsamkeit, Leere, Unausgefülltsein.

Deutsch von Renate Orth-Guttmann

JULIAN BARNES

Die Frage nach Gott

Aber vielleicht war es ein Fehler, daß er die Frage nach Gott als ein plumpes Entweder-Oder ansah. Es gibt einen Gott (und daher muß ich ihn anbeten) kontra Es gibt keinen Gott (und daher muß ich seine Nichtexistenz vor aller Welt entlarven). Er ging von einer einzigen Antwort auf eine einzige Frage aus. Was für eine Einschränkung: und woher wußte er, daß er die richtige Frage hatte? Irgend jemand, irgendwo, hatte gesagt: Das Problem ist nicht, wie heißt die Antwort, sondern, wie heißt die Frage.

Es muß noch mehr Möglichkeiten geben, dachte Gregory. Noch mehr Möglichkeiten.

1 Daß es Gott gibt.
2 Daß es Gott nicht gibt.
3 Daß es Gott früher gegeben hat, aber jetzt nicht mehr.
4 Daß es Gott gibt, aber daß er uns verlassen hat: a) weil wir eine schwere Enttäuschung für ihn waren; b) weil er ein Scheißkerl ist, der schnell die Lust verliert.
5 Daß es Gott gibt, daß sein Wesen und seine Beweggründe aber unser Begriffsvermögen übersteigen. Wenn er nämlich innerhalb unseres Begriffsvermögens läge und

sich nach unseren eigenen moralischen Grundsätzen zu verantworten hätte, wäre er eindeutig ein Scheißkerl. Wenn es ihn also gibt, muß er außerhalb unseres Begriffsvermögens liegen. Wenn er aber außerhalb unseres Begriffsvermögens liegt, dann hat er auch unsere Begriffsunfähigkeit beschlossen, daß wir so verdattert sind über das Problem des Bösen zum Beispiel; dann hat er auch gewollt, daß es so aussieht, als wäre er ein Scheißkerl. Ist er demnach nicht bloß ein Scheißkerl, sondern auch ein Psychopath? So oder so, wäre es nicht an ihm, die Sache in die Hand zu nehmen, mal von sich hören zu lassen, den ersten Schritt zu tun?

6 Daß es Gott nur so lange gibt, wie es den Glauben an ihn gibt. Warum nicht? Es wäre ja sinnlos, daß es Gott gibt, wenn keiner an ihn glaubt, also gibt es ihn vielleicht mal ja und mal nein, je nach dem Glauben der Menschen an ihn. Es gibt ihn als direkte Konsequenz unseres Bedarfs an ihm; und vielleicht hängt der Umfang seiner Macht vom Umfang unserer Anbetung ab. Glaube ist wie Kohle: bei der Verbrennung entsteht die Macht Gottes.

7 Daß Gott Mensch und Weltall nicht wirklich geschaffen hat: er hat sie bloß *geerbt*. Er war weit weg in einem himmlischen Au-

stralien in aller Ruhe am Schafezüchten, da hat ihn ein hechelnder Nachwuchsreporter von einem Lokalblatt aufgespürt und ihm erklärt, durch irgendeinen genealogischen Hokuspokus (unvollzogene Ehe, ein Quentchen jungfräuliche Geburt und was nicht alles) habe er den Besitz der Erde mit allem, was darinnen ist, geerbt. Die Erbschaft auszuschlagen war genauso unmöglich wie, sagen wir mal, die Fähigkeit zu fliegen zu verlieren.

8 Daß es Gott gegeben hat, zur Zeit nicht gibt, aber in Zukunft wieder geben wird. Er hat zur Zeit bloß ein göttliches Sabbatjahr genommen. Das würde manches erklären.

9 Daß es Gott bislang überhaupt nicht gegeben hat, in Zukunft aber geben wird. Er wird irgendwann ankommen und unseren Dreck wegräumen, in den öffentlichen Grünanlagen den Rasen mähen und dafür sorgen, daß wir wieder in einer anständigen Gegend wohnen. Gott ist ein überarbeiteter Wartungsmonteur in einem schmierigen Overall, der sich um viel zu viele Planeten kümmern muß. Wir sollten mal überlegen, ob wir nicht etwas mehr anlegen und einen ordentlichen Wartungsvertrag abschließen wollen, statt ihn immer per Notruf anzufordern, wie wir das im Moment tun.

10 Daß Gott und Mensch keine gesonderten Wesenheiten sind, wie wir uns das gerne vorstellen, und die Verbindung viel stärker ist, als daß einfach nur eine ewige Seele – Gottes Anteil, sozusagen –, in einem Wegwerfkörper steckt. Vielleicht ist die Verbindung so wie bei zwei Kindern, die einen Dreibein-Wettlauf machen.

11 Daß der Mensch in Wirklichkeit Gott ist und Gott in Wirklichkeit Mensch, doch irgendein ontologischer Spiegeltrick hindert uns daran, die Dinge so zu sehen, wie sie wirklich sind. Wenn das stimmt, wer hat dann die Spiegel aufgestellt?

12 Daß es mehrere Götter gibt. Das könnte so manches erklären. a) Vielleicht sind sie ständig am Streiten, und darum kümmert sich keiner ums Geschäft. b) Vielleicht sind sie durch zuviel Demokratie lahmgelegt, wie die Vereinten Nationen; jeder Gott hat ein Veto, und daher kommt im Sicherheitsrat nie etwas durch. Kein Wunder, daß unser Planet so heruntergekommen ist. c) Diese Kompetenzzersplitterung hat ihre Stärke geschwächt und ihre Konzentration auch. Womöglich sehen sie ja, was schiefgeht, und tun trotzdem nichts dagegen; vielleicht sind die Götter gütig, aber machtlos, vielleicht können sie nur zuschauen, wie Eunuchen im Harem.

13 Daß es Gott gibt und daß er wirklich die Welt erschaffen hat, daß das aber bloß eine Rohfassung war – Pfusch, mit anderen Worten. Schließlich ist das Erschaffen einer Welt eine ziemlich komplizierte Sache: kann man selbst von Gott erwarten, daß er es gleich auf Anhieb richtig hinkriegt? Bei jedem Probelauf tauchen unweigerlich ein paar Schwachstellen auf – Krankheit, Mücken und dergleichen. Gott hat uns erschaffen, und dann ging er fort in eine andere Ecke des Weltalls, wo die Kanalisation besser ist und die Schwerkraft nicht so vertrackt. Er hätte seinen hingepfuschten ersten Versuch natürlich vernichten, zusammenknüllen und als Kometen oder so in den Weltraum schnippen können. Es zeugt von seinem Großmut, daß er das nicht tat. Natürlich hat er dafür gesorgt, daß sich das da nicht *ewig* herumtreibt – er hat es so arrangiert, daß die Erde nach einer gewissen Zeit in die Sonne hineinfällt und verbrennt –, aber er hat nichts dagegen, daß wir zwischenzeitlich ein Nutzungsrecht in Anspruch nehmen. Na schön, nehmt sie für den Augenblick von ein paar Jahrtausenden, hat Gott gesagt, ich kann sie sowieso nicht gebrauchen. Und vielleicht schaut er gelegentlich bei uns vorbei, bloß um sich zu vergewissern,

daß es nicht *allzu schlecht* läuft. Gott ist ein Jongleur, der eine Menge Teller rotieren läßt. Wir waren sein erster Teller, und wir werden leicht vernachlässigt. Wir eiern und schwanken ziemlich heftig auf unserem Stock da oben; das Publikum bangt um uns; doch gibt der göttliche Zeigefinger unserem Planeten stets rechtzeitig einen neuen Schubs.

14 Daß wir alle Bruchteile eines Gottes sind, der sich zu Beginn der Zeit selbst zerstört hat. Warum hat er das gemacht? Vielleicht wollte er einfach nicht leben: er war ein schwedischer Gott, ein Robeck. Damit wäre vieles klar, vielleicht alles: die Unvollkommenheiten des Alls, unser Gefühl kosmischer Einsamkeit, unsere Sehnsucht nach einem Glauben – selbst unsere Selbstmord-Anwandlungen. Wenn wir Bruchteile eines selbstmörderischen Gottes sind, dann ist es natürlich, ja heilig, daß wir uns umbringen wollen. Vielleicht waren manche der frühen christlichen Märtyrer (die es so eilig hatten mit dem Sterben, daß sie wie rücksichtslose Parvenüs aussehen, die sich rasch einen Platz im Himmel sichern wollten) in Wirklichkeit nur glühend begeisterte Selbstmörder. Eine phantasievolle Ketzerlehre hatte selbst Jesus als Selbstmörder betrachtet, mit der Begründung,

er habe seinem Leben geboten, sich hinwegzubegeben, und es habe gehorcht. Vielleicht hatten diese Häretiker recht: Jesus folgte nur dem Beispiel seines Vaters.

Gregory spielte bis zur geistigen Erschöpfung mit solchen Möglichkeiten herum. Er schlief, und als er aufwachte, fand er folgende Geschichte. Es gibt Gott und hat ihn immer gegeben; er ist allmächtig und allwissend; der Mensch hat Willensfreiheit und wird bestraft, wenn er diese Willensfreiheit zu bösen Zwecken gebraucht; wir können in diesem kurzen Erdendasein nicht darauf hoffen, daß wir verstehen, wie Gott arbeitet; es ist genug, wenn wir ihn erkennen, ihn lieben, ihn durch unser Dasein leuchten lassen, ihm gehorchen und ihn ehren. Die alte Geschichte, die erste Geschichte: Gregory ließ sich in sie hineingleiten. Eine bequeme Jacke, ein Sessel, der sich durch langen Gebrauch an die eigenen Konturen angepaßt hat, der hölzerne Griff einer alten Säge, eine Jazzmelodie mit allen Bestandteilen, ein Fußabdruck im Sand, der zum eigenen Schuh paßt. So ist es besser, dachte Gregory, das fühlt sich richtig an; dann lachte er beklommen über sich selbst.

Wer weiß, was tapfer ist? Oft hieß es – vor allem bei Leuten, die nie ein Schlachtfeld gesehen hatten –, daß die am wenigsten Phantasiebegabten im Krieg die Tapfersten seien. Stimmte das; und wenn es stimmte, nahm ihnen das etwas von ihrem Mut? Wenn man dadurch tapferer wird, daß man sich Verstümmelung und Tod im voraus vorstellen und dann beiseite schieben kann, dann sind diejenigen, die sich das am lebhaftesten vorstellen können, die Angst und Schmerzen im voraus herbeizitieren können, die Tapfersten. Aber Menschen mit dieser Fähigkeit – die Vernichtung in 3D vor sich zu sehen – nennt man gewöhnlich Feiglinge. Sind die Tapfersten dann nur verhinderte Feiglinge, Feiglinge ohne den Mut zum Weglaufen?

Ist es tapfer, wenn man an Gott glaubt, überlegte Gregory. Tja, auf der unteren Ebene vielleicht, weil heute nur noch wenige an ihn glauben, und es ist eine Art von Mut, der Gleichgültigkeit gegenüber standhaft zu bleiben. Auf der oberen Ebene ist es tapfer, weil man sich auf die Stufe einer Schöpfung Gottes erhebt; man stellt sich als etwas Höheres als einen Lehmklumpen hin – was einigen Schneid erfordert. Vielleicht setzt man sich auch der Möglichkeit eines letzten Gerichts aus: behält man beim Gedanken daran immer noch die Nerven? Wer sagt, er glaubt an Gott, der ist das Kind, das sich in der Klasse meldet. Man zieht die Aufmerksamkeit auf sich, und man bekommt eine öffentliche Entscheidung: richtig oder falsch. Den Augenblick muß man sich mal vorstellen. Die Angst muß man sich mal vorstellen.

Ist es tapferer, nicht an Gott zu glauben? Auf einer unteren Ebene erfordert auch das einen gewissen taktischen Mut. Man erklärt Gott, es gebe ihn nicht: was, wenn es ihn doch gibt? Wird man den Augenblick durchstehen können, wenn er sich einem offenbart? Die Schmach muß man sich mal vorstellen. Den Gesichtsverlust muß man sich mal vorstellen. Und auf einer höheren Ebene verkündet man damit die Gewißheit der eigenen Nichtexistenz. Ich habe ein Ende. Ich gehe nicht weiter. Man gibt sich nicht einmal eine sportliche Chance bei der Sache. Man steht der Vernichtung gleichgültig gegenüber; man weigert sich, gegen ihre dummdreiste Herrschaft über einen selbst anzugehen. Man streckt sich auf dem Sterbebett aus in der Gewißheit, daß man die Frage des Lebens verstanden hat; man bekennt sich kühn zum Nichts. Den Augenblick muß man sich mal vorstellen. Die Angst muß man sich mal vorstellen.

Es gab Leute, die an den Mut des Lachens glaubten. Den Tod besiegt man dadurch, daß man sich über ihn lustig macht; wer sich weigert, ihm die Hochschätzung seiner selbst abzunehmen, nimmt ihm seinen Schrecken. Mit einem Scherz entwaffnen wir die Ewigkeit. Ängstlich? Ich doch nicht. Ewiges Leben? Nur, wenn es mir paßt. Gibt es Gott? Hier, nimm noch ein Stück Schweinspastete. In jungen Jahren hatte das kosmische Grinsen auf Gregory anziehend gewirkt;

aber jetzt nicht mehr. Wir alle haben Angst vor dem Tod; wir alle hätten lieber irgendein System von ewigem Leben, auch wenn wir es zunächst mal nur zur Probe bekämen. Sechstausend Jahre Nachleben, auf Kommissionsbasis, keine Kaufverpflichtung: den Coupon würden wir alle ausfüllen. Und daher wollte Gregory keiner von denen sein, die den Tod auslachen. Den Tod auslachen ist wie in das hüfthohe Farnkraut auf einem Golfplatz pinkeln. Man sieht Dampf aufsteigen, und man redet sich ein, das sei ein Zeichen von Hitze.

15, dachte Gregory. Daß es keinen Gott gibt, aber ewiges Leben gibt es doch. Das wäre ein interessantes System. Brauchen wir, technisch gesehen, eigentlich beides? Wir könnten das ewige Leben doch ohne die Hilfe Gottes organisieren, nicht wahr? Wenn man Kinder sich selbst überläßt, denken sie sich Spiele und Regeln aus. Wir würden es schon schaffen, die Geschäfte in eigener Regie zu führen. Unsere bisherigen Leistungen waren vielleicht nicht allzu berühmt, aber die Bedingungen, mit denen wir uns in unserem kurzen terrestrischen Leben herumschlagen mußten, waren ja auch nicht gerade perfekt. Ich meine, erst mal gab es da eine Menge Unwissenheit, und dann ließen unsere materiellen Verhältnisse viel zu wünschen übrig, und wir hatten ziemlich scheußliches Wetter, und als unsere Könige und Weisen gerade anfingen, eine gewisse Ordnung in die Dinge zu bringen, da kommt dieser furchtbar, ganz furchtbar *unfaire* Nackenschlag namens Sterblichkeit daher und löscht sie alle aus. Also noch mal von vorne anfangen mit einer nagelneuen Garnitur von Königen und Weisen. So gesehen nicht weiter verwunderlich, daß wir oft zwei Schritte vorwärts und einen zurück machen. Wenn wir allerdings das ewige Leben hätten . . . gar nicht auszudenken, was wir dann alles zustande brächten.

Deutsch von Gertraude Krueger

ECKHARD HENSCHEID

Gott ist doch nicht blöd
Warum es wahrscheinlich keinen Himmel und aber garantiert keine Hölle gibt

1

Still ist es geworden um das Hin und Her um Gott. Eröffnen wir also wieder die Diskussion. Einwandfrei steht heute fest, daß sich Gott noch niemals als Schöpfer vorgestellt hat. Deshalb sagen die Christen, von nichts entsteht nichts. Danach müssen alle die wunderbaren Sachen wie Mond und Sterne von einem Schöpfer geschaffen worden sein. Wenn das stimmt, dann müßte das Wunderbarste, was es heute gibt und überhaupt geben kann, falls es es gibt, nämlich Gott, ebenfalls von einem denkenden Geist geschaffen worden sein usw. bis in alle Ewigkeit. Wenn man das durchdenkt, ist das mehr blöd als logisch.

2

Sie haben es aber gemerkt und behaupten deshalb, Gott gibt es seit ewigen Zeiten. Das ist aber nicht wahr, sondern alle Dinge haben seit ewigen Zeiten unerschaffen in Form von Energie bestanden, das kann man überall lesen. Aus Zufall entstanden daraus einmal, wir wissen nicht wann und wie und warum, Materie und Antimaterie, das ist zusammen Energie. Als dann Materie und Antimaterie zusammenstießen, entstand wieder Energie usw., bis das Weltall im Prinzip fertig war. Dann entstanden irgendwann einmal die Chemikalien, dann durch Evolution Leben, nämlich Viren, Bakterien, niedere Pflanzen und Tiere, später Säugetiere und Menschen sowie andere Seelen. So ist das und logisch. Was die Atheisten sagen, ist immer oder meistens logischer als was die Theisten sagen.

3

Unser Planetensystem ist einige Millionen Jahre alt. Es ist möglich, daß andere Milchstraßen noch viel älter sind, aber sogar wenn sie Oktrillionen Jahre alt sind, dann ist selbst eine Zeit von Oktrillionen Jahren nur ein Augenblick gegenüber der Ewigkeit. Daraus muß man schließen, Gott hat Ewigkeiten hindurch nichts getan und kam dann auf einmal auf die Idee, was zu tun. Nämlich all die wunderbaren Galaxien zu erschaffen. Zu einem bestimmten Zeitpunkt schuf ER dann die ersten Menschen Adam und Eva und dann noch mehrere ungeschlechtliche. Später ging es geschlechtlich weiter. Vorher hatte ER schon Engel geschaffen.

Das glaubt doch keiner.

4

Nach den Christen lebte Gott seit Ewigkeiten im Himmel, das heißt in einem sehr angenehmen und erfreulichen Zustand und bewußt. Als ER Menschen erschuf, mußte ER wegen der geplanten Strafen auch eine Hölle erschaffen, oder umgekehrt zuerst die Hölle und dann die Menschen, denn eine Hölle ohne Bewohner hat ja keinen richtigen Sinn.

In der Hölle aber werden nach Ansicht der Christen höchst qualvolle Gefühle erlebt. Um diese erleben zu können, mußte Gott den Menschen einen Sinn und einen Begriff für die Qualen eröffnen, denn so etwas gab es vor dem Sündenfall seit Ewigkeit nirgends.

Nun kann aber Gott nur dann Schmerzen erfinden, um seine Geschöpfe strafen zu können, wenn ER selber weiß, was sind Schmerzen. Ein Maschinenbauer kann keine Maschine machen, wenn er überhaupt nicht weiß, was eine Maschine ist. Das ist klar. Wenn ER aber wissen will, was Schmerzen sind, muß ER selber Schmerzen erleben und erdulden.

Nun muß aber weiter ausgeholt werden.

5

Lustgefühle werden nach Euphoriegraden abgeschätzt, Schmerzen und sonstige Qualen nach

Dolgraden. Angenommen ein Mann liegt mit einer wunderschönen nackten Frau im Bett herum und erzielt den wunderbarsten Orgasmus, so sind das ca. 30 Grad *terrestisch* somatisch und *terrestisch* psychisch Euphorie. Der Verfasser dieses hat zwar in seinem ganzen Leben noch nicht geliebt, aber wenn er Aufsätze über so viel Sex in den Illustrierten betrachtete, dann muß er schon annehmen, daß das etwas sehr Schönes ist.

6

So, jetzt kommt's:

Der schlimmste Schmerz, den Menschen manchmal erdulden müssen, ist vielleicht das Verbrennen bei lebendigem Leibe. Dieser Schmerz könnte ein Schmerz von ca. 80 bis 100 Grad *terrestisch* somatisch Dol sein, also viel höher als beim Orgasmus, wenn auch umgekehrt. Für Christen sind die Qualen im Höllenfeuer, ob es nun wirklich Feuer ist oder nur Seelenqualen, noch viel furchtbarer als Qualen im Diesseits. Die Wissenschaft hat ermittelt, Gott lebt seit Ewigkeiten in einer Dauerlustverfassung von ca. 1000 Grad celestisch Euphorie, es kann aber auch noch viel mehr sein, beziehungsweise er kann es erhöhen.

Wenn das wahr ist, dann erleben die Verdammten in der Hölle Zustände von vielleicht 200 bis 3000 Grad infernalisch somatisch Dol vor der Auferstehung allen Fleisches und zusätzlich dann später 500 bis 5000 Grad infernalisch psychisch Dol.

7

So. Um aber Seelen in die Hölle werfen zu können, mußte Gott erst eine Hölle aufmachen. Das kann ER aber nicht, ohne daß ER weiß, wie furchtbar Qualen von 5000 Grad inf. Dol sind. ER muß also, wenn ER Höllenqualen erfinden will, Qualen bis zu ca. 5000 Grad inf. Dol erdulden. Denn ER muß ja wissen, was ER erschafft, ER hat ja die Verantwortung. In der Praxis heißt das, ein Gott, der Ewigkeiten hindurch in einer Dauerlustverfassung von ca. 1000 Grad cel. Euph. gelebt hat, wirft sich selbst in einen Höllenzustand von ca. 5000 Grad inf. psych. Dol, nur um seine Leute strafen zu können, weil sie anderer Meinung waren als Gott. Dabei muß man bedenken, was kann einer dafür, wenn einer eine Meinung hat? Niemand kann etwas für seine Meinung. Jeder, der eine Meinung hat, hat einen triftigen Grund dafür.

8

Fragt man nun alle Menschen, die man kennt, würden Sie, wenn Sie Gott wären, freiwillig aus einer Lustverfassung von 1000 Grad cel. Euph.

in einen Zustand von 5000 Grad inf. Dol gehen, nur um eine Meinung bestrafen zu können, dann würden ausnahmslos alle sagen, ich bin doch nicht blöd. Wenn aber kein Mensch schon so blöd ist und sich selbst freiwillig ins Unglück stürzt, dann stürzt sich ER erst recht nicht.

9

Schmerzen und Arten von Leiden kann deshalb niemals ein denkender Gott gemacht haben. Dieser kann zwar mit seinen Geschöpfen machen, was er will. Er kann aber keine Seelen zum Leiden fit machen, ohne dabei selber als Gott alles erleiden zu müssen. Da aber Seelen aus Gefühlen und Denkarbeit bestehen und qualvolle Gefühle, wie gezeigt, von Gott also nicht geschaffen sein können, so können auch Seelen nicht von einem Gott erschaffen worden sein. Denn man kann doch wohl schlecht sagen, angenehme Gefühle für die Seele hat ein Gott gemacht, unerfreuliche aber sind von selbst gemacht worden. Seelen sind entweder von Gott erschaffen worden oder atheistisch, aber nicht teils teils.

ULRICH HORSTMANN

Aus dem Infernodrom
Programm-Mitschnitte 1979–1992

Wie man sich im Kreis aufklärt. Nehmen wir die Krone der Schöpfung. Abgesetzt, weil wir in Wahrheit Mängelwesen sind, biologisch Benachteiligte und Zukurzgekommene, denen Mutter Natur die Instinkte gegen das bißchen Vernunft abgeluchst hat, das dank Darwin, Freud, Gehlen und so fort gerade ausreicht, um uns nachträglich über die große Roßtäuscherei ins Bild zu setzen. Immerhin, jetzt wissen wir Bescheid über das Wieso und Warum, und zwar als einzige Tierart. Ernüchtert und illusionslos gehen wir durchs Leben, ab und an das schwarz angelaufene Diadem dieser neuen Auserwähltheit aus der Stirn schiebend, das uns wie sein Vorgänger ständig über die Augen zu rutschen droht.

*

Die Fragen der Religion sind unabweislich. Die Antworten waren immer – Glaubenssache.

*

Zweitausend Jahre Christentum – welch eine Karriere! Von der Erinnerung an einen Geschundenen zur Religion der Schinder.

*

Eine Religion kann man nur durch eine andere Religion bekämpfen.

*

Wie ich sie bewundere, diese mit siebzig ausgemusterten schwarzlackierten Theologen. Ein Leben dem Wahn und dennoch unerbittlich gegen das eigene Fünkchen Vernunft bis zum letzten.

*

Diese tiefe Empörung eines Kindes beim Anblick eines Raubtieres, das seine Beute reißt und – womöglich bei lebendigem und zuckendem Leibe – zu verschlingen beginnt. Wir aber machen uns von höherer Warte zum Fürsprecher der Natur und liefern unser »So ist das nun einmal in der Welt!« oder »Fressen und Gefressenwerden, das ist nicht zu ändern!« ab. Und das Menschenjunge versteht nicht – weder den bestialischen Stoffwechsel, dessen Zeuge es ist, noch unsere nicht minder bestialische Gleichgültigkeit –, und es starrt und kämpft mit den Tränen. Und erst jetzt, plötzlich, steigt für einen Augenblick auch in uns die uralte Wut auf gegen das Teufelswerk der Schöpfung, gegen uns selbst und unser verkommenes Einverstandensein, dreht uns die Revolte den Magen um, könnten wir im Affekt einen Planeten kurz und klein schlagen, auf dem die fassungslosen Kinder bis in alle Ewigkeit recht behalten werden.

*

Mein Gott ist es zufrieden, wenn ich nicht an ihn glaube.

*

Seid arglos gegen die Zyniker und Nihilisten, die sich in ihren Büchern und Pamphleten ausrasen. Aber hütet Euch vor Überzeugungstätern und Prinzipienreitern, vor allen, denen hohe Ideale im Kopf herumgehen. Bis ans Ende der Tage werden sie nicht aufhören, zu Kreuzzügen aufzuhetzen, Autodafés zu veranstalten, Scheiterhaufen anzuzünden. Die gute Absicht und das gute Gewissen machen sie toll.

ANHANG

Aus dem Philosophischen Wörterbuch
von Heinrich Schmidt

Gottesbeweise. »Beweise« für das Dasein Gottes; sie sind von Kant in seiner Kritik der reinen Vernunft dargelegt und als völlig hinfällig erwiesen worden: das Dasein eines Gottes ist schlechterdings unbeweisbar. Da aber der Beweis einer Behauptung demjenigen zufällt, der die Behauptung aufstellt, so kann der Atheist, nachdem er die »Beweise« des Theisten als nichtig zurückgewiesen hat, diesen sich selbst überlassen. Die vier hauptsächlichsten G. sind:

1. **Der ontologische Beweis**;
schließt von der Idee eines höchsten Wesens auf dessen Dasein. Kant antwortet: »Ihr habt schon einen Widerspruch begangen, wenn ihr in den Begriff eines Dinges, welches ihr lediglich seiner Möglichkeit nach denken wolltet, es sei unter welchem versteckten Namen, schon den Begriff der Existenz hineinbrachtet; aber ein Mensch möchte wohl ebensowenig aus bloßen Ideen (Einbildungen) an Einsichten reicher werden, als ein Kaufmann an Vermögen, wenn er, um seinen Zustand zu verbessern, seinem Kassenbestande einige Nullen anhängen wollte. Es ist also an diesem ontologischen Beweis vom Dasein eines höchsten Gottes aus Begriffen alle Mühe und Arbeit verloren.«

2. **Der kosmologische Beweis**;
schließt von der Bedingtheit aller Dinge und Vorgänge der Welt auf ein letztes Bedingendes, einen Gott als Schöpfer. »In diesem Argument hält sich ein ganzes Nest von dialektischen Anmaßungen verborgen, welches die transzendentale Kritik leicht entdecken und zerstören kann.« Die augenscheinlichste Wertlosigkeit dieses Beweises liegt »in der falschen Selbstbefriedigung der Vernunft in Ansehung der Vollendung dieser Reihe«; die Annahme einer letzten Bedingung ist eine Willkür. S. auch erste Ursache.

3. **Der teleologische Beweis**;
schließt aus der behaupteten Zweckmäßigkeit des Kosmos auf einen zwecksetzenden Weltenbaumeister. Kant weist nach, daß die »Physikotheologen«, nachdem sie eine gute Strecke auf dem Boden der Natur und Erfahrung fortgegangen sind und sich gleichwohl immer noch ebensoweit von dem Gegenstande sehen, der ihrer Vernunft entgegenscheint, sie plötzlich mit einem mächtigen Sprung diesen Boden verlassen und ins Reich bloßer Möglichkeiten übergehen. »Wenn man also für die Naturwissenschaft und in ihren Kontext den Begriff von Gott hineinbringt, um sich die Zweckmäßigkeit der Natur erklärlich zu machen und hernach diese Zweckmäßigkeit wiederum braucht, um zu beweisen, daß ein Gott sei, so ist in keiner von beiden Wissenschaften innerer Bestand, und eine täuschende Diallele bringt jede in Unsicherheit dadurch, daß sie ihre Grenzen ineinander laufen läßt.« Der teleologische Beweis fällt aber schon mit seiner Annahme, daß die Natur zweckmäßig eingerichtet sei; daß dies nicht der Fall ist, beweist die Dysteleologie. »Die traurige Beschaffenheit der Welt läßt sich nicht damit vereinigen, daß sie das Werk vereinter Allgüte, Allweisheit und Allmacht sei« (Schopenhauer).

4. **Der moralische Beweis**;
schließt aus dem Vorhandensein eines sittlichen Bewußtseins auf einen Urheber desselben, und aus der Unerreichbarkeit des sittlichen Ideals auf einen Bürgen für die Erreichung in einem Leben nach dem Tode. Die moralische Teleologie jedoch bedarf, da die Zweckbeziehung in uns selbst *a priori* samt den Gesetzen derselben bestimmt, mithin als notwendig erkannt werden kann, zu diesem Behufe keiner verständigen Ursache außer uns für diese innere Gesetzmäßigkeit, so wenig, als wir bei dem, was wir in den geometrischen Eigenschaften der Figuren für allerlei mögliche Kunstausübung Zweckmäßiges finden, auf einen ihnen diesen erteilenden höchsten Verstand hinausfahren dürfen. »Wie der Mensch in Erklärung einzelner Naturphänomene über die Natur hinausschreitet und außerhalb derselben sucht, was nur in ihrer inneren Gesetzmäßigkeit

kann gefunden werden, ebenso schreitet er in Erklärung des Sittlichen über die Vernunft hinaus und verscherzt seine Menschheit, indem er auf diesem Weg eine Gottheit sucht« (Schiller). Überdies vermag die entwicklungsgeschichtliche Betrachtung des Sittlichen und der Ideale sowohl eine vernunftgemäße Theorie über die Enstehung des Sittlichen wie eine trostreiche Prognose für die Erreichbarkeit der Ideale aufzustellen, ohne eines transzendenten Faktors zu bedürfen.

NACHWEISE

JULIAN BARNES, Die Frage nach Gott (Titel vom Hrsg.)
Aus: J. B., *In die Sonne sehen* (*Staring at the Sun*, 1986). Roman. Aus dem Englischen von Gertraude Krueger. Zürich: Haffmans 1991.

GEORGE HENRY BORROW, Der Grund Gottes (Titel vom Hrsg.)
Aus: G. H. B., *Lavengro, der Zigeuner-Gentleman (Lavengro – The Gypsy-Gentleman*, 1851). Aus dem Englischen von Fritz Güttinger. Mit Bildern von Almut Gernhardt. Zürich: Haffmans 1987.

GEORG BÜCHNER, Katechisierung (Titel v. Hrsg.)
Anfang des 1. Aufzugs des 3. Aktes von *Dantons Tod*, 1836. Aus: *Der Rabe*, Magazin für jede Art von Literatur, Nr. 1. Zürich: Haffmans 1982.

LUDWIG FEUERBACH, Das Wesen der Religion
Aus dem 2. Kapitel *Das Wesen der Religion im allgemeinen* in: L. F., *Vom Wesen des Christentums*, 1841, aus: *Sämtliche Werke*, hrsg. von W. Bolin und F. Jodl, Stuttgart-Bad Cannstatt 2/1960–1964.

FRIEDRICH DER GROSSE, Über das Abendmahl (Titel vom Hrsg.)
Auf dem Brief an Voltaire aus Potsdam, am 19. März 1776. Aus: Voltaire – Friedrich d. Gr., *Briefwechsel*, hrsg. und übersetzt von Hans Pleschinski. Zürich: Haffmans 1992.

ECKHARD HENSCHEID, Gott ist doch nicht blöd
Aus: E. H., *Über die Wibblinger*. Zürich: Haffmans 1993.

ULRICH HORSTMANN, Aus dem Infernodrom
Erstveröffentlichung aus einer umfänglichen Sammlung von *Programm-Mitschnitten 1979–1992* mit freundlicher Genehmigung des Autors.

THEODOR LESSING, Unglaubensbekenntnis
Aus: T. L., *Europa und Asien*, Leipzig 1923.

DAVID LODGE, Glaube als Versicherung (Titel vom Hrsg.)
Aus: D. L., *Neueste Paradies Nachrichten (Paradise News*, 1991).

Roman. Aus dem Englischen von Renate Orth-Guttmann. Zürich: Haffmans 1992.

KARL MARX, Kritik der Religion (Titel vom Hrsg.)

Aus: Einleitung *Zur Kritik der Hegelschen Rechtsphilosophie*, 1843/44. Aus: K. M., *Werke Schriften Briefe*, hrsg. von H. J. Lieber und P. Furth, Band 1, Stuttgart 1960.

FRITZ MAUTHNER, Gott

Aus dem *Wörterbuch der Philosophie*, Neue Beiträge zu einer Kritik der Sprache. Erster Band A – Intuition, 1910.

GERHARD MENSCHING, Glaube und Zweifel (Titel vom Hrsg.)

Aus: G. M., *E. T. A. Hoffmanns letzte Erzählung*. Roman. Zürich: Haffmans 1989.

VLADIMIR NABOKOV, Gottes Nichtexistenzbeweis (Titel vom Hrsg.)

Anfang des sechsten Kapitels des Romans *Verzweiflung* (*Despair*, 1965). Aus dem Englischen von Klaus Birkenhauer. Reinbek: Rowohlt 1973, S. 77/78. Abdruck mit freundlicher Genehmigung des Rowohlt Verlags.

ARTHUR SCHOPENHAUER, Über Religion

Aus dem Kapitel XV des 2. Bandes der *Parerga und Paralipomena*, 1851. Aus: A. S., *Werke in 5 Bänden*, erstmals nach den Ausgaben letzter Hand hrsg. von Ludger Lütkehaus, mit einem Beibuch. Zürich: Haffmans 1988.

ARNO SCHMIDT, Atheist ? : Allerdings !

Zuerst 1957. Aus: *Der Rabe*, Magazin für jede Art von Literatur, Nr. 5. Zürich: Haffmans 1985. Abdruck mit freundlicher Genehmigung der Arno Schmidt Stiftung, Bargfeld.

HEINRICH SCHMIDT, Gottesbeweise

Aus: *Philosophisches Wörterbuch*, Leipzig: Alfred Kröner 1912.

PERCY BYSSHE SHELLEY, Die Notwendigkeit des Atheismus (The Necessity of Atheism, 1810)

Shelley wurde wegen dieser Flugschrift von der Universität Oxford relegiert. Erste deutsche Übersetzung von Michael Walter nach einem Sonderdruck der Bodlian Library in Oxford aus dem Jahre 1992.

They Ain't Makin' Jews Like Jesus Anymore

By Kinky Friedman

Well, a red-necked nurd
in a bowlin' shirt
wears a guzzlin' Lone Star beer
talkin' religion and a-politics
for all the world to hear.

They ought to send you back to Russia, boy,
or New York City One,
you just want to doodle a Christian girl
and you killed God's only son.

I said, has it occured to you, you nurd,
that that's not very nice,
we Jews believe it was Santa Claus
that killed Jesus Christ.
You know, you don't look Jewish, he said,
near as I could figure,
I had you lamped for a slightly anemic
well-dressed country nigger.

Oh, they ain't makin' Jews like Jesus anymore.
They don't turn the other cheek the way they done before.
He started into shoutin' and spittin' on the floor.
Lord, they ain't makin' Jews like Jesus anymore.

He says, I ain't a racist,
but Arostittle Onassis
is one Greek we don't need
and them niggers, Jews and sagamores
all they ever do is breed,
and wogs and niggs and slopes and spics
and spooks are on my list
and there is one little heap
from the heart of Texas
– is there anyone I missed?

Well, I hit him with everything I had
right square between the eyes,
I says I'm goin' to get to you, sonofabitch,
you're disposin' that pack o'a lies.
If there's one thing I, I can't abide
it's an ethnocentric racist.
Now you take back that trash you said
about Arostittle Onassis.

Oh, they ain't makin' Jews like Jesus anymore.
We don't turn the other cheek the way we done before.
You could hear that honky holler as he hit that hardwood floor,
Lord, they ain't makin' Jews like Jesus anymore
(everybody in America now)
They ain't makin' Jews like Jesus anymore,
they ain't makin' carpenters who know, what nails are for.
Then the whole damn place was singin'
as I strolled right out the door:
Lord, they ain't makin' Jews like Jesus anymore.

Atheismus

Von John Henry Mackay

Vielleicht, wenn einst die müden Augen brechen,
Wenn niedersinkt des Todes finstre Nacht,
Daß ein Gebet dann meine Lippen sprechen,
Das nie im Leben der Verstand gedacht.

Vielleicht, daß ich mit einer Lüge scheide
Von einem Sein, das Wahrheit nur gekannt,
Wenn ich des Lebens letzte Schmerzen leide
In Angst und Nacht und Irrsinn festgebannt.

Dann unterlag mein Geist; dann brach mein Wille!
Dann floh Vernunft! – Doch wenn ich es vermag,
Dann künde noch der letzte Schrei, der schrille,
Dann künde noch des Herzens letzter Schlag:

»Ich glaubte nie an einen Gott da droben,
Den Lügner oder Toren nur uns geben.
Ich sterbe – und ich wüßte Nichts zu loben –
Vielleicht nur Eins: daß wir *nur einmal leben*!«